林 嵩 刘小元 许 进 陈金亮◎著

京津冀创业生态指数报告
2013

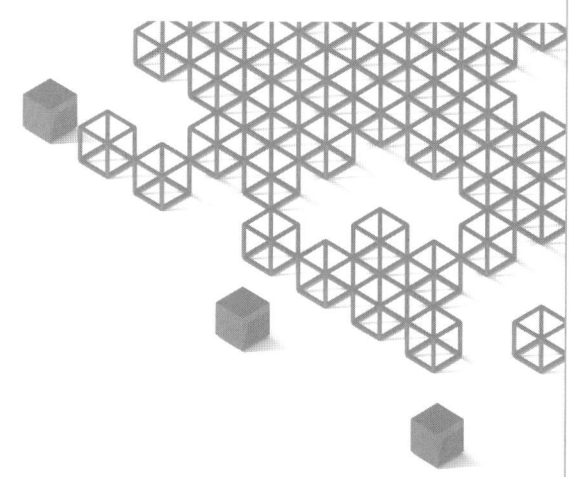

中国社会科学出版社

图书在版编目（CIP）数据

京津冀创业生态指数报告.2013/林嵩等著.—北京：中国社会科学出版社，2016.5

ISBN 978-7-5161-8031-0

Ⅰ.①京… Ⅱ.①林… Ⅲ.①区域经济发展—协调发展—研究报告—华北地区 Ⅳ.①F127.2

中国版本图书馆 CIP 数据核字（2016）第 084306 号

出 版 人	赵剑英
责任编辑	王 曦
责任校对	周晓东
责任印制	戴 宽
出 版	中国社会科学出版社
社 址	北京鼓楼西大街甲 158 号
邮 编	100720
网 址	http://www.csspw.cn
发 行 部	010-84083685
门 市 部	010-84029450
经 销	新华书店及其他书店
印 刷	北京君升印刷有限公司
装 订	廊坊市广阳区广增装订厂
版 次	2016 年 5 月第 1 版
印 次	2016 年 5 月第 1 次印刷
开 本	710×1000 1/16
印 张	9
字 数	133 千字
定 价	38.00 元

凡购买中国社会科学出版社图书，如有质量问题请与本社营销中心联系调换
电话：010-84083683
版权所有 侵权必究

目 录

第一章 京津冀创业生态指数设计 ············· 1
    一　研究背景和调研方案 ················· 1
    二　创业生态指数设计 ··················· 3
    三　调查样本统计特征 ··················· 6
    四　本章小结 ························· 19

第二章 京津冀创业种群活跃指数评测 ············· 20
    一　新创企业的成长性 ··················· 20
    二　社会人群的创业倾向 ················· 41
    三　本章小结 ························· 53

第三章 京津冀多重创业情境指数评测 ············· 54
    一　家庭情境 ························· 54
    二　社会情境 ························· 60
    三　商业情境 ························· 70
    四　制度情境 ························· 94
    五　本章小结 ························· 122

第四章 京津冀区域空间环境指数评测 ············· 124
    一　区域空间环境指标设计 ··············· 124
    二　区域空间环境评价 ··················· 125
    三　本章小结 ························· 129

第五章 京津冀创业生态指数评测 …………………………… 130
　一　京津冀创业生态指数评价结果 …………………………… 130
　二　京津冀创业生态指数总结和建议 ………………………… 132

附录一　创业者调查问卷 …………………………………………… 134

附录二　个体创业意向调查 ………………………………………… 137

第一章　京津冀创业生态指数设计

一　研究背景和调研方案

创业已经成为国内学术界和媒体界的热点词汇。全国各地不同政府机构、企事业部门，都在召开有关创业的研讨会，都在倡导创业活动。不过，现实中的创业活动是否如媒体报道一样活跃？这方面的数据还相对不足。自2011年开始，我们每两年进行一次创业活动调查，我们的目的是观察现实中的创业活动的活跃程度，以及外部支持创业活动发展的要素水平。我们的数据分析结果试图回答造成区域创业活动发展差距的原因是什么，以及如何改进区域的创业活动发展状况。

2011年9月到12月我们在北京进行了大样本的创业生态调查。我们的创业生态指数分为创业种群活跃指数、多重创业情境指数、区域空间环境指数。研究结论显示北京市创业生态指数达到3.76，在整个0—5的区间段内处于中等偏高的水平，但还有很大的提升空间。

具体来说，北京市创业种群活跃指数总体上不算太高，只是略高于中位数，其中，新创企业的成长性低于中位数，而一般社会人群的创业倾向则高于中位数。因此，从评价结果来看，就所抽取的样本而言，北京市普通人群的创业热情较高，但是已经创立的企业成长性不足。

北京市多重创业情境指数总体上位于中位数附近，其中，商业情境和制度情境都高于中位数，但是家庭情境和社会情境显著低于中位数。因此，从评价结果来看，就所抽取的样本而言，北京创业者和一般社会人群的家庭情境和社会情境对于创业活动的支持程度较低。但他们所感知到的商业情境和制度情境总体上是有利于创业活动的。

北京市区域空间环境指数处于很高水平。这一水平在全国范围内排到了前列，这说明北京市的区域空间环境指数总体上是最有利于创业活动的开展的。

在2011年调研的基础上，2013年我们将调研范围拓展到整个京津冀地区。京津冀城市群由首都经济圈的概念发展而来，京津冀协同规划作为国家级区域规划，其目标在于实现京津冀优势互补、促进环渤海经济区发展。我们面向京津冀地区开展创业生态调查和研究，也旨在观测这一地区在创业活动的发展方面存在哪些优势和不足。这也就为京津冀地区的创业政策提供了充分的依据。

2013年下半年，我们在北京、天津、石家庄、唐山和保定5个城市开展创业生态系统的问卷调查。同2011年北京市创业生态调研一样，我们的调查对象分为两类。一类是成立时间在8年以内的新创企业。我们要求调查人员面向2005—2012年之间在北京创业的创业者发放调查问卷，这一年龄标准是现有国内外创业研究所常用的。在调查中，调查员将在不同的城市选择创业活动较为集中的某些区域，例如科技园区、孵化器等，在其中随机抽取某些企业进行上门入户调查。调查员将面向创业者本人进行面对面的访谈。

另一类是京津冀地区的普通人群，我们要求调查人员在不同区域随机抽取一定数量的普通家庭然后上门调查，其中一户人家仅调查一位成年人。调查方式同样是面对面的访谈。

2013年年底，我们最终完成创业者调研914人次，普通社会个体920人次。其中，北京创业者和一般社会人群样本共607人，天津创业者和一般社会人群样本共607人，河北石家庄创业者和一般社会人群样本共201人，唐山创业者和一般社会人群样本共219人，保定创业者和一般社会人群样本共200人。

二 创业生态指数设计

和2011年的创业生态调查一样，我们将所考察的创业生态指数分为三个层面，其中，最为核心的是创业种群活跃指数，中间层是支持或限制创业种群的多重创业情境指数，最外层的是区域空间环境指数（见图1-1）。因为在之前的《北京市创业生态指数报告（2011）》中，我们已经分析过相应的维度构成和指标设计，因此这里仅仅简单介绍其大致构成。

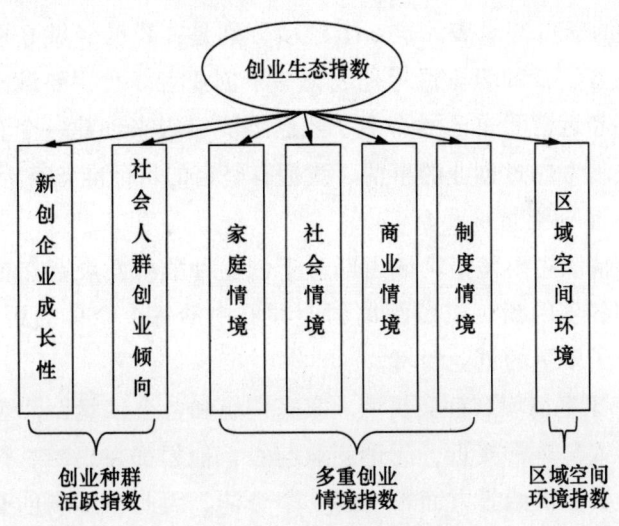

图1-1 创业生态指数构成

1. 创业种群活跃指数

创业种群活跃指数来自两个方面：新创企业的成长状况以及潜在创业者的创业倾向。这两个方面都能够反映区域创业种群的成长前景，它们既是评价区域创业生态的最直观指标，也是最重要指标。本书将区域创业种群活跃程度分为两个方面：新创企业成长性以及社会人群创业倾向。

（1）新创企业成长性。企业的成长性是创业种群能够发展壮大的内在动力，当创业种群中的企业普遍拥有较高成长性时，创业种群能够高速扩张，并且能够带动整个种群快速向成熟企业种群发展。我们使用销售额成长率、固定资产增长率、雇员增长率、净利润增长率和总资产增长率5个指标测量新创企业的成长性。测量方法是询问创业者上述指标的客观数据，同时使用5分的李克特量表来测量创业者的主观评价。

（2）社会人群创业倾向。创业倾向总体上可以用于预期个体选择创业的概率。当一般社会人群普遍拥有较强创业倾向时，创业种群能够随时获得补充，从而维持在较高的发展速度。我们使用包含6个题项的李克特量表。这6个题项分别是：我已经做好准备成为一个创业者、我的职业目标是成为一个创业者、我将要做出所有努力来开创和运营我自己的企业、我已经决定未来创建一个企业、我已经认真地考虑过创业的事情、我拥有坚定的目标准备某天创业。

2. 多重创业情境指数

创业情境主要是指区域内部对于创业种群的发展存在推进或阻碍作用的各项因素。按照距离创业种群中的每个个体的距离远近，我们细分了多重的创业情境。

（1）家庭情境和社会情境。家庭情境和社会情境距离创业者或一般社会人群非常接近，无论创业与否，他们都在思维、行动、价值观念、资源供给等方面影响每一个个体，因此在影响创业种群活跃程度方面，发挥着最为直接的作用。

在家庭情境方面，我们主要关注能够为企业经营活动带来资源的家庭情境，也就是家庭成员对于创业活动的投入程度。我们向创业者询问三个问题：在您的家庭（家族）成员中，多少个家庭（家族）成员将/已经为您的企业投资、多少个家庭（家族）成员将/已经在您的企业内全职工作、多少个家庭（家族）成员将/已经在您的企业内兼职。

在社会情境方面，我们主要关注创业者或社会人群所拥有的社会网络关系的数量，以及社会网络能够带来的与创业活动相关的联系资本。我们提供了一系列与创业或企业经营相关的正式或非正式网络，询问创业者是否属于这些网络：工商联合会、行业协会、私营企业主协会、个体劳动者协会、MBA 或 EMBA 等培训项目校友会、非正式的联谊组织（社区、网络、沙龙等）、宗教、信仰团体、妇联、其他正式注册的社会团体（学会、专业协会、联合会、联谊会等）。在联系资本方面，我们询问上述网络组织对于创业者或社会个体的帮助：这些组织能否帮助成员实施创业行动、这些组织能否为准备创业的成员提供探讨新商业创意的平台。

（2）商业情境。商业情境是企业经营的市场环境。相对于家庭情境以及社会情境，商业情境的影响距离要远一些，因为无论是否创业，创业者总都要接触他的家人和朋友，而商业情境是创业者必须真正开始考虑实施创业行动之后才会接触到的。我们主要关注商业情境中的三个要素：财务不确定性、竞争不确定性、运作不确定性。这些要素使用 5 分的李克特量表来测量。其中财务不确定性包含如下几个题项：获得启动资金、获得运营资金、获得银行贷款、获得风险投资。竞争不确定性包含如下几个题项：获得客户、有效应对其他企业的竞争、遵循本地政策法规的要求、紧跟技术发展前沿。运作不确定性包含如下几个题项：获得原材料、获得雇员、获得销售商。

（3）制度情境。制度情境是指在区域的政治、法律、文化等要素中与创业活动密切相关的成分。制度方面的改进能够有力推进创业活动的发生。根据已有的研究我们开发了三个维度：管控维度、认知维度、规范维度。我们使用 5 分的李克特量表，在管控维度，有 5 个题项调查区域的政府是否能够帮助和支持创业者实施创业活动；在认知维度，有 4 个题项调查区域人群对于创业活动所涉及的知识和信息的了解程度；在规范维度，有 4 个题项调查区域人群对于创业活动的评价。

3. 区域空间环境指数

空间环境是指地区层面与创业活动相关的供给或支持要素。它们属于宏观层面的特征，集中反映了不同区域创业生态的主要差异。我们主要从以下几个方面考察创业生态的空间环境特征：技术水平、教育水平、劳动力、区域经济水平、居民可支配收入。我们使用了来自统计年鉴的指标：地区专利授权数、高等学校毕业生人数、就业人员数量、地区财政收入、城镇居民工资水平。上述指标分别反映了区域层面的技术、教育、劳动力、经济水平、居民收入这几个方面的特征。

三　调查样本统计特征

我们主要从性别、年龄、教育程度、婚姻状况、创业领域、工作机构等方面展现受调查人群的特征。

从性别分布的调查结果来看，所有调查人群中，创业者样本中女性高于男性，一般社会人群样本中男性高于女性，如图 1-2 所示。①

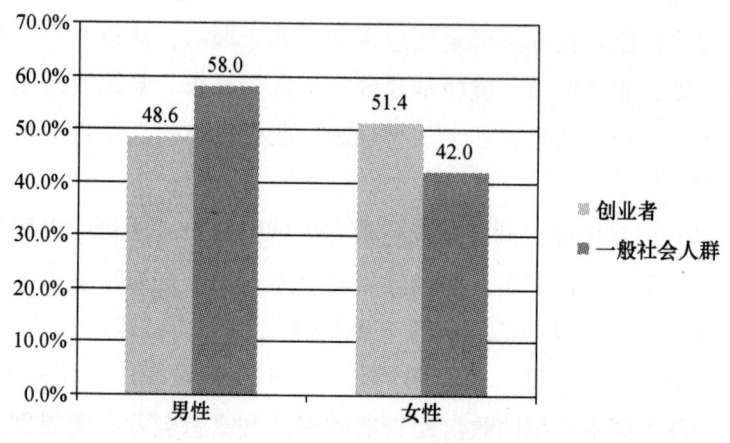

图 1-2　总体人群性别构成

---

① 全书涉及的相对数均进行四舍五入处理，之和可能大于或小于100%。

北京市创业者样本中二者的比例相当,在一般社会人群样本中男性比例高于女性比例,如图1-3所示。

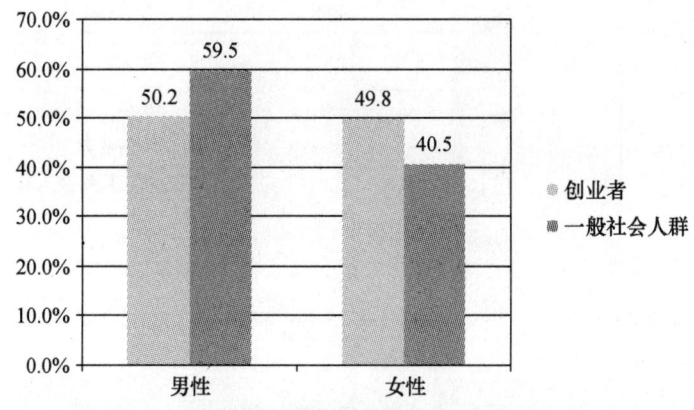

图1-3 北京市样本性别构成

天津市创业者样本中女性高于男性,一般社会人群样本中男性高于女性,如图1-4所示。

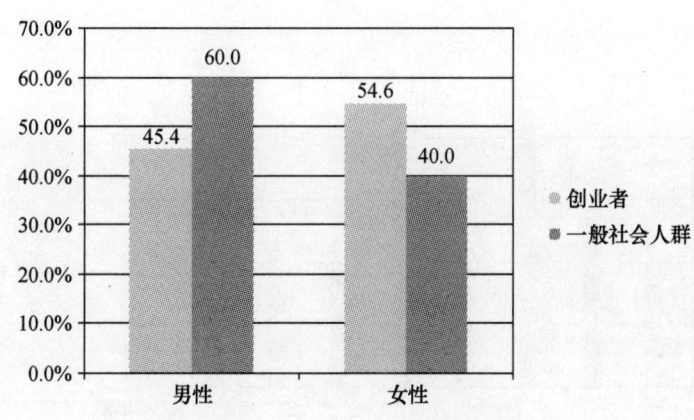

图1-4 天津市样本性别构成

河北省创业者样本中男女比例相当,一般社会人群样本中男性高于女性，如图1-5所示。

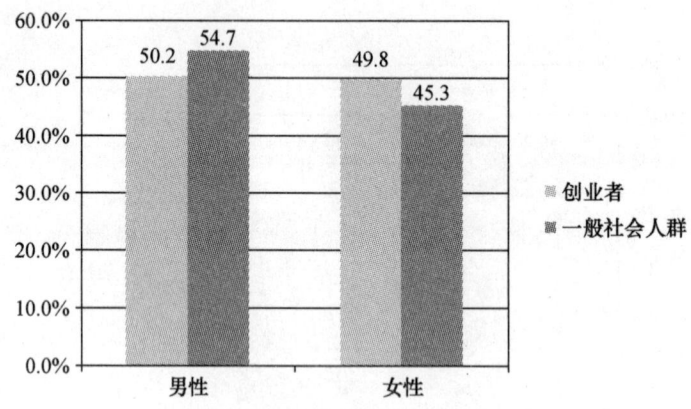

图1-5　河北省样本性别构成

年龄分布的调查结果显示：总体人群中，在创业者样本中36—40岁年龄阶段和41—45岁年龄阶段的比例高，一般社会人群样本中31—35岁年龄阶段和41—45岁年龄阶段的比例高，如图1-6所示。

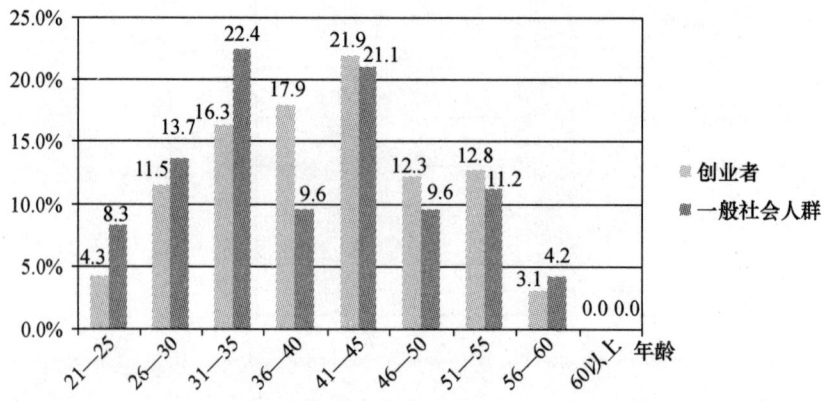

图1-6　总体人群年龄构成

北京市的调研结果显示，在创业者样本中36—40岁年龄阶段和41—45岁年龄阶段的比例高，一般社会人群样本中31—35岁年龄阶段和41—45岁年龄阶段的比例高，如图1-7所示。

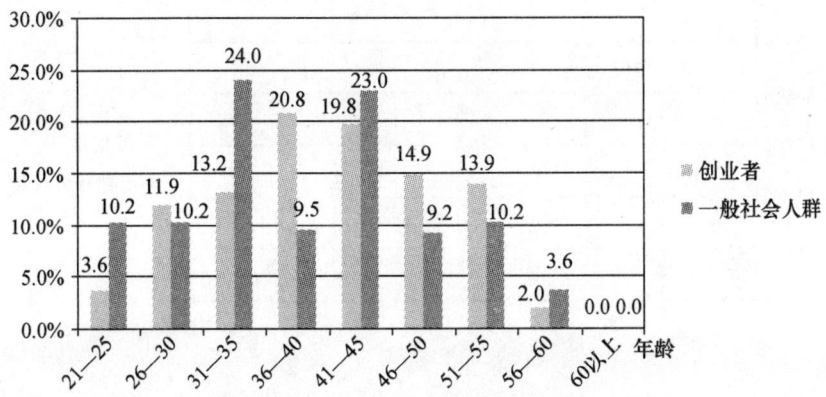

图1-7　北京市样本年龄构成

天津市的调研结果显示，在创业者样本中36—40岁年龄阶段和41—45岁年龄阶段的比例高，一般社会人群样本中31—35岁年龄阶段和41—45岁年龄阶段的比例高，如图1-8所示。

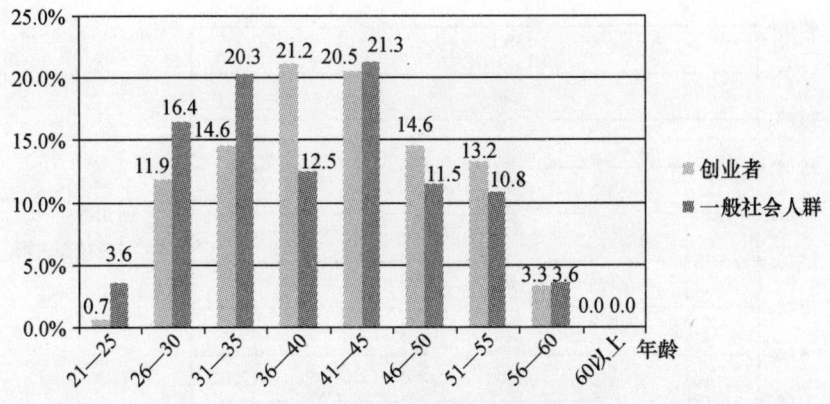

图1-8　天津市样本年龄构成

河北省的调研结果显示,在创业者样本中31—35岁年龄阶段和41—45岁年龄阶段的比例高,一般社会人群样本中31—35岁年龄阶段和41—45岁年龄阶段的比例高,如图1-9所示。

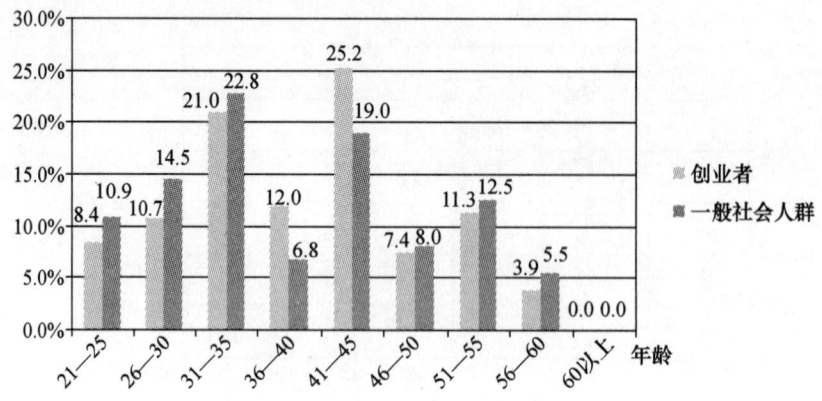

图1-9 河北省样本年龄构成

教育程度(1=高中和中专以下;2=高中和中专;3=大学专科;4=大学本科;5=硕士;6=博士)的调查结果显示,总体人群中,创业者样本和一般社会人群样本的教育程度较为接近,其中高中和中专、大学专科、大学本科的人群所占比例高,博士的比例最低,如图1-10所示。

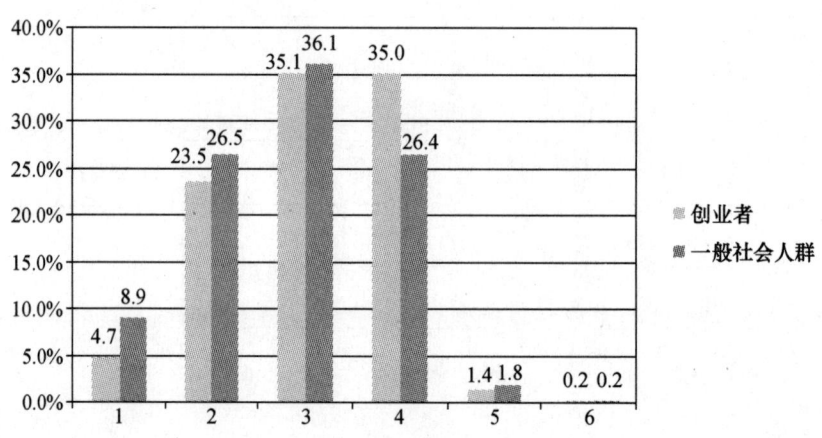

图1-10 总体人群教育水平分布

北京市的调研结果显示，创业者样本和一般社会人群样本的教育程度较为接近，其中高中和中专、大学专科、大学本科的人群所占比例高，博士的比例最低，如图1-11所示。

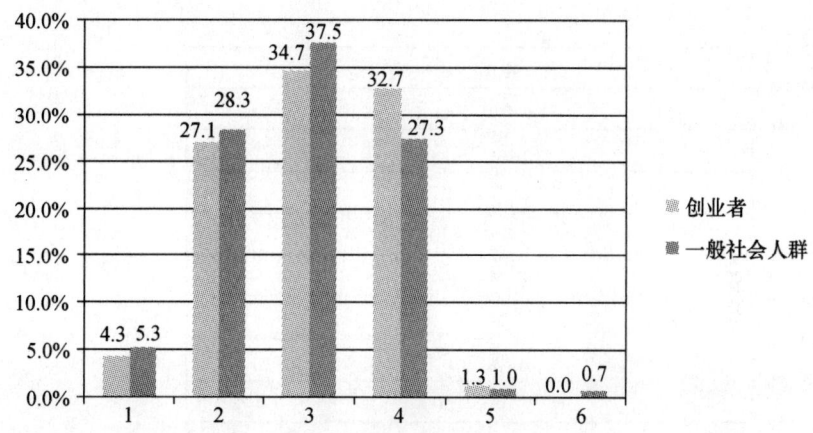

图1-11　北京市样本教育水平分布

天津市的调研结果显示，创业者样本和一般社会人群样本的教育程度较为接近，其中高中和中专、大学专科、大学本科的人群所占比例高，博士的比例最低，如图1-12所示。

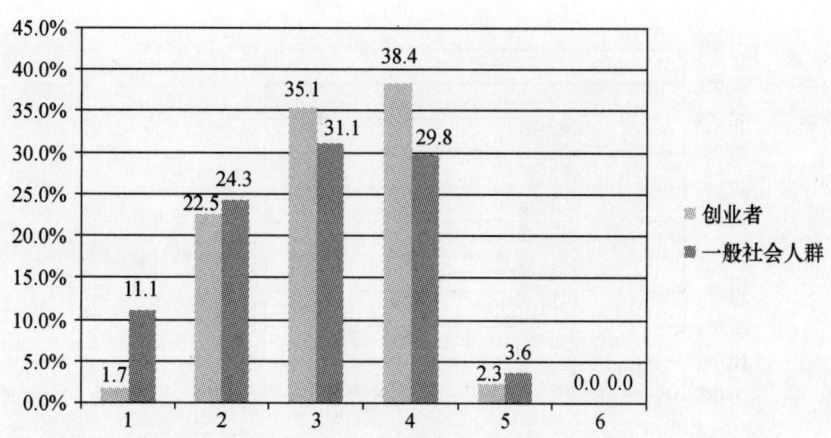

图1-12　天津市样本教育水平分布

河北省的调研结果显示,创业者样本和一般社会人群样本的教育程度较为接近,其中高中和中专、大学专科、大学本科的人群所占比例高,博士的比例最低,如图1-13所示。

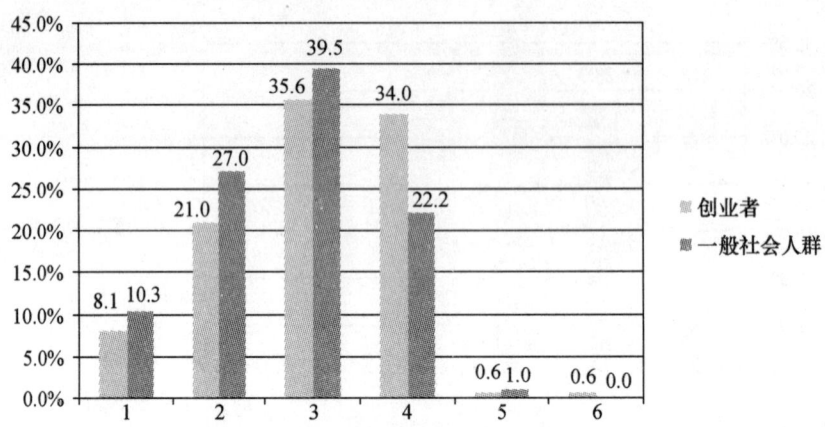

图1-13 河北省样本教育水平分布

婚姻状况(1=已婚,2=未婚)的调查结果显示:总体人群中,创业者样本和一般社会人群样本的已婚比例都远远高于未婚比例,如图1-14所示。

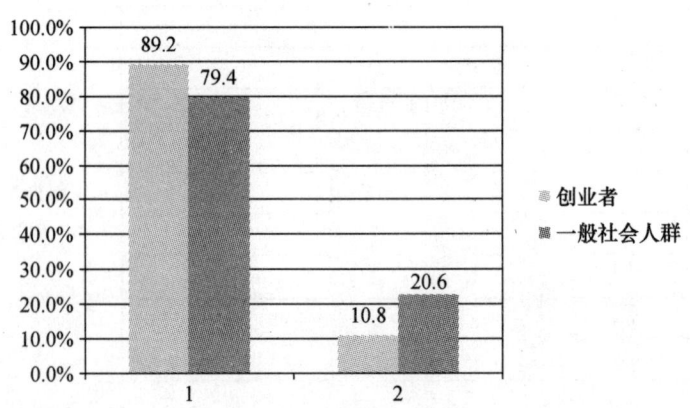

图1-14 总体人群的婚姻状况

北京市的调研结果显示，在创业者样本和一般社会人群样本中，已婚比例都远远高于未婚比例，如图 1-15 所示。

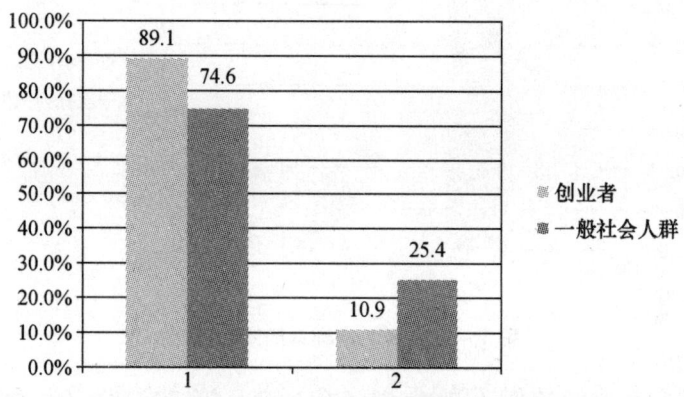

图 1-15 北京市样本的婚姻状况

天津市的调研结果显示，在创业者样本和一般社会人群样本中，已婚比例都远远高于未婚比例，如图 1-16 所示。

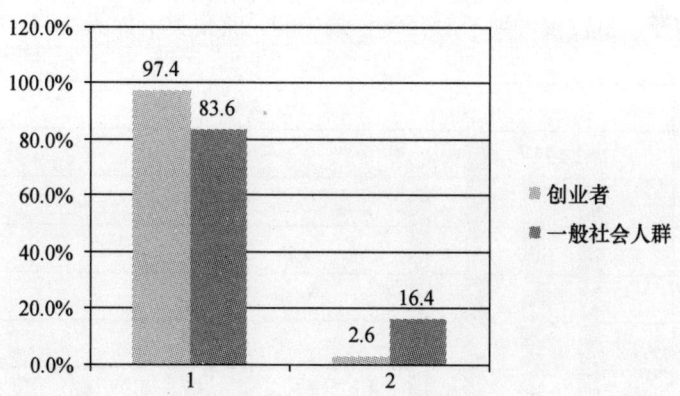

图 1-16 天津市样本的婚姻状况

河北省的调研结果显示，在创业者样本和一般社会人群样本中，已婚比例都远远高于未婚比例，如图 1-17 所示。

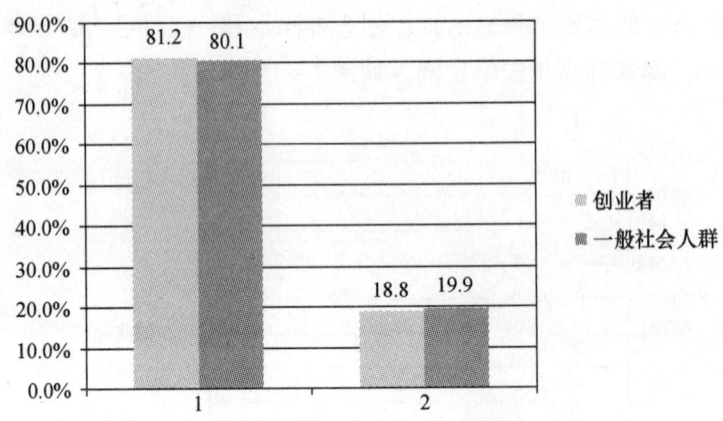

图 1-17 河北省样本的婚姻状况

面向创业者的创业领域（1＝农、林、牧、渔业；2＝采掘业；3＝制造业；4＝电力、煤气及水的生产和供应业；5＝建筑业；6＝交通运输、仓储业；7＝邮电通信业；8＝批发和零售贸易；9＝金融、保险业；10＝房地产业；11＝社会服务业；12＝信息与文化产业；13＝其他类）调查结果显示：总体人群的创业领域总体上较为均衡，没有出现某一行业过多的情况，其中最多的是电力、煤气及水的生产和供应业，也仅仅占到了15.5%，最少的是其他类，如图1-18所示。

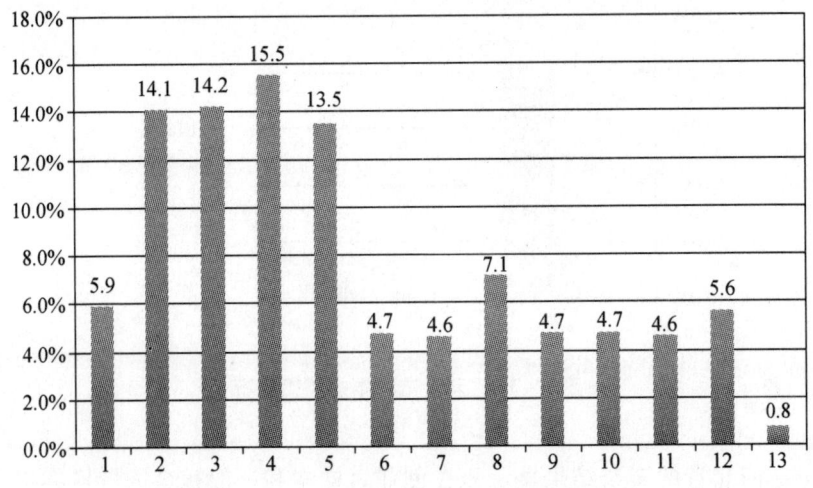

图 1-18 总体人群创业者的创业领域分布

北京市的调研结果显示，创业者的创业领域总体上较为均衡，没有出现某一行业过多的情况，其中最多的是建筑业，也仅仅占到了15.2%，如图1-19所示。

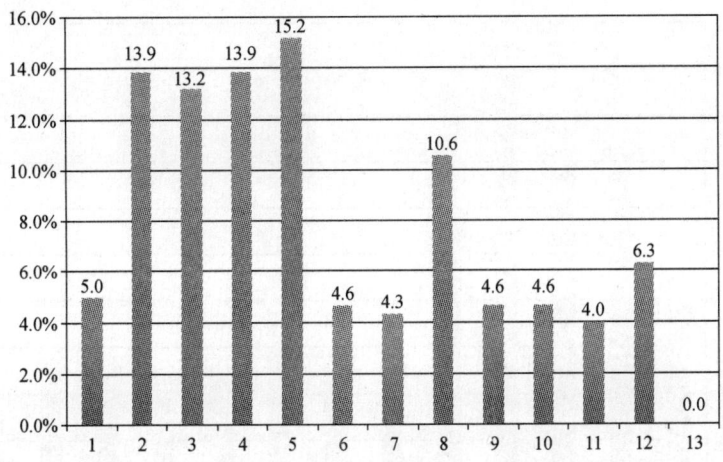

图1-19 北京市创业者的创业领域

天津市的调研结果显示，创业者的创业领域总体上较为均衡，没有出现某一行业过多的情况，其中最多的是采掘业，制造业，电力、煤气及水的生产和供应业，三者均各占到14.9%，最少的是其他类，如图1-20所示。

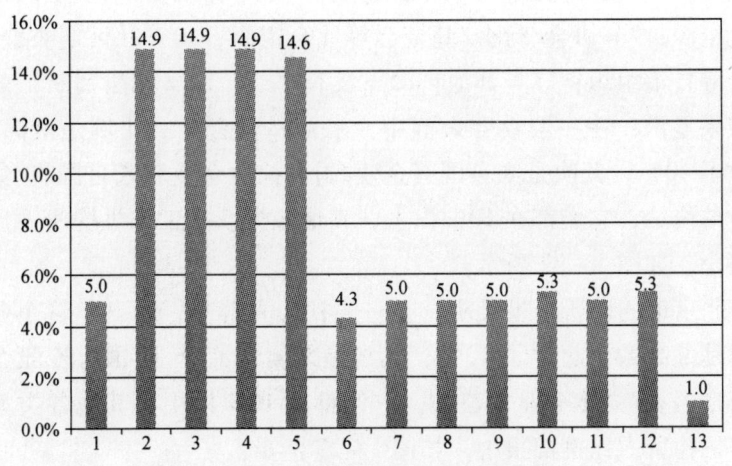

图1-20 天津市创业者的创业领域

河北省的调研结果显示,创业者的创业领域总体上较为均衡,没有出现某一行业过多的情况,其中最多的是电力、煤气及水的生产和供应业,也仅仅占到了17.8%,最少的是其他类,如图1-21所示。

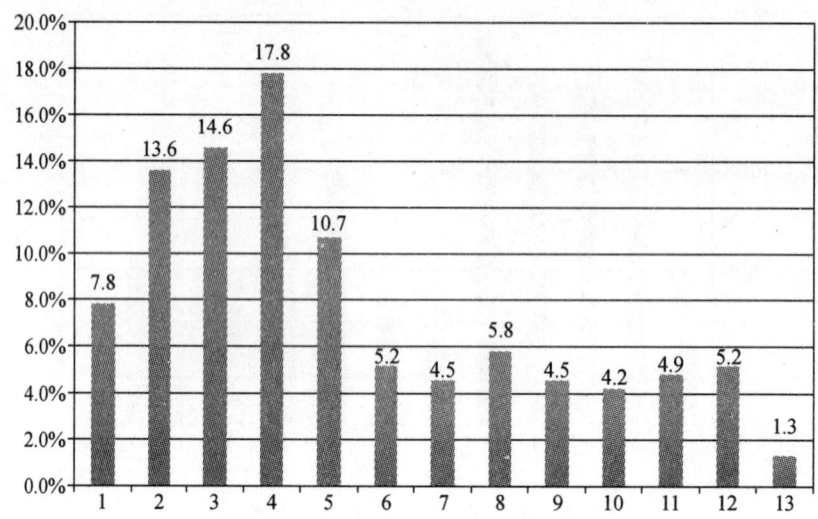

图1-21 河北省创业者的创业领域

面向一般社会人群的工作机构(1=农村家庭经营;2=党政机关/人民团体/军队;3=国有/集体事业单位;4=国有企业/国有控股企业;5=集体企业;6=私营企业;7=个体工商户;8=民办非企业组织;9=协会/行会/基金会等社会组织;10=社区居委会/村委会等自治组织;11=其他;12=没有单位;13=无法判断)的调查结果显示:在一般社会人群中,来自私营企业的比例是最高的,超过了40%,其次是来自国有企业/国有控股企业和来自国有/集体事业单位的,它们都在10%以上,其他各类型的工作机构所占比例都很小,如图1-22所示。

北京市的调研结果显示,在一般社会人群中,来自私营企业的比例是最高的,超过了40%,其次是来自国有企业/国有控股企业和来自国有/集体事业单位的,它们都在10%以上,其他各类型的工作机构所占比例都很小,如图1-23所示。

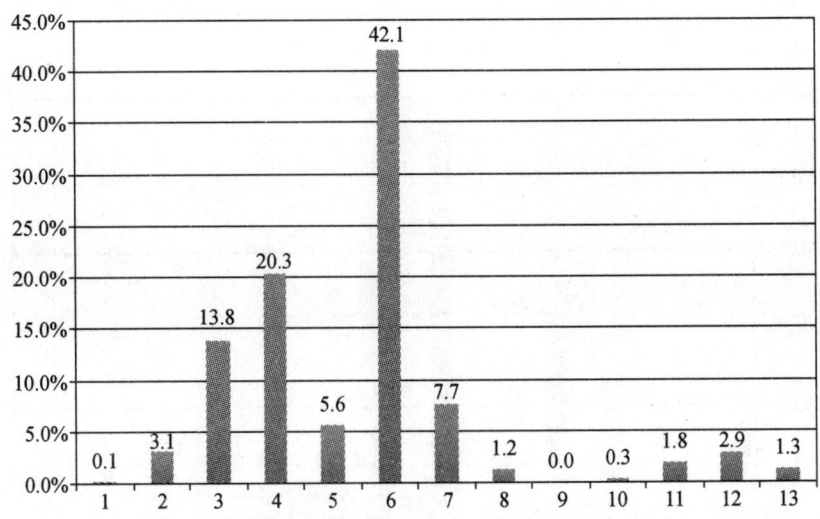

图1-22 一般社会人群的工作机构总体分布

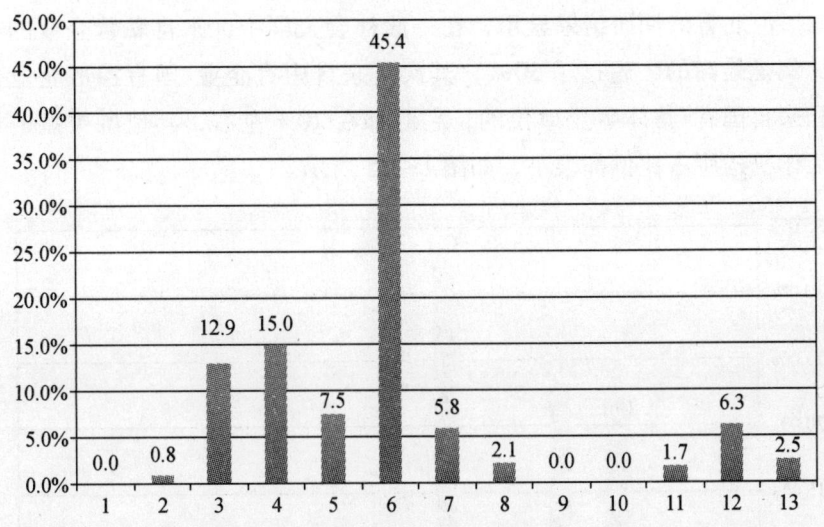

图1-23 北京市样本的一般社会人群工作机构

天津市的调研结果显示,在一般社会人群中,来自私营企业的比例是最高的,超过了40%,其次是来自国有企业/国有控股企业的,在20%以上,其他各类型的工作机构所占比例都很小,如图1-24所示。

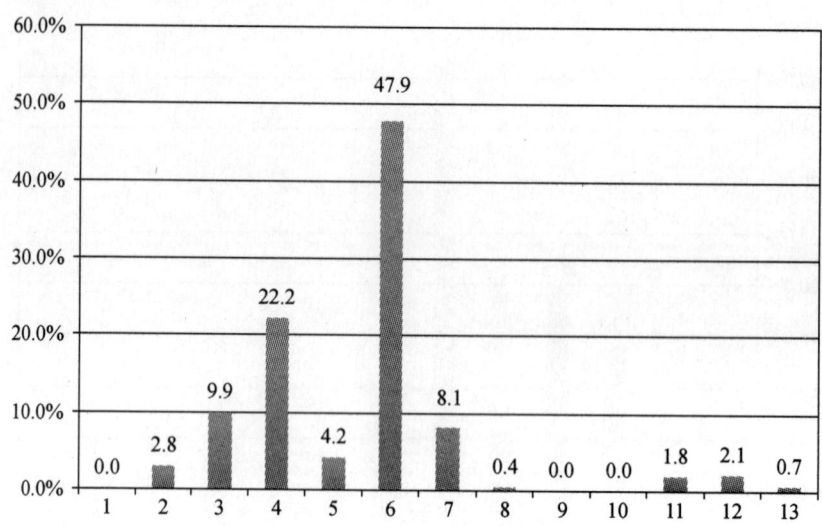

图1-24　天津市样本的一般社会人群工作机构

河北省的调研结果显示，在一般社会人群中，来自私营企业的比例是最高的，超过了30%，其次是来自国有企业/国有控股企业和来自国有/集体事业单位的，它们都在20%左右，其他各类型的工作机构所占比例都很小，如图1-25所示。

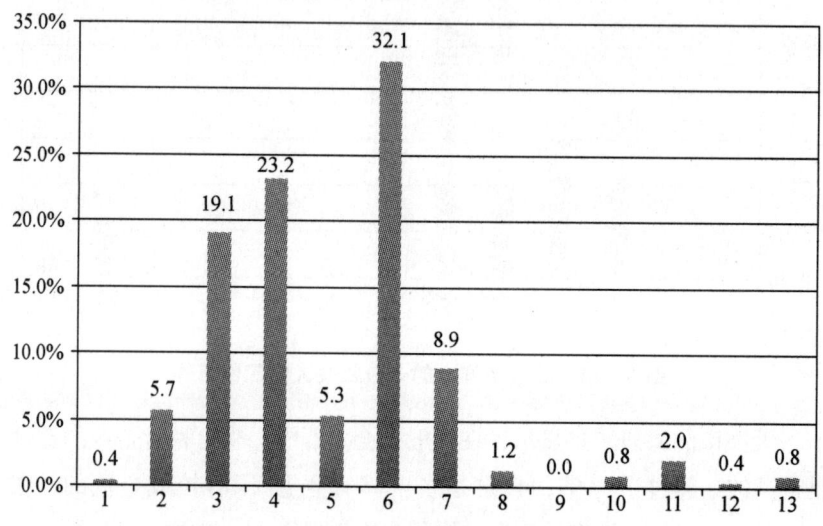

图1-25　河北省样本的一般社会人群工作机构

四　本章小结

本书遵循 2011 年北京市创业生态指数调研的传统，从创业种群活跃程度、多重创业情境、区域空间环境 3 个维度考察京津冀三地的创业生态状况。在 2013 年的调研中，我们完成创业者调研 914 人次，普通社会个体 920 人次。其中，北京创业者和一般社会人群样本共 607 人，天津创业者和一般社会人群样本共 607 人，河北石家庄创业者和一般社会人群样本共 201 人，唐山创业者和一般社会人群样本共 219 人，保定创业者和一般社会人群样本共 200 人。

本章还提供了不同地区创业者和普通社会人群的描述性统计分布特征，这为后续的分析提供了基础。

第二章 京津冀创业种群活跃指数评测

本章主要介绍京津冀地区创业种群活跃程度的评测结果。正如前面所述，这是区域创业生态的核心内容，主要包含新创企业成长和社会人群创业倾向两个方面。它们共同反映了京津冀地区创业种群的发展空间。创业种群活跃程度高，意味着该区域内在未来可以源源不断地产生新的创业者，过去创立的企业也能够持续成长壮大。

一 新创企业的成长性

如前所述，我们使用销售额增长率、固定资产增长率、雇员增长率、净利润增长率和总资产增长率 5 个指标作为新创企业成长性的测量指标。我们首先询问各项增长率的真实数值，同时进一步要求创业者对各项增长率进行评价。

销售额增长率的调查结果显示：所有受调查的企业的销售额增长率主要集中在 1%—20% 的区间，这一区间的企业达到 84.7%，如图 2-1 所示。

北京市的调研结果显示，受调查的企业的销售额增长率主要集中在 1%—20% 的区间，这一区间的企业达到 73.2%，如图 2-2 所示。

天津市的调研结果显示，受调查的企业销售额增长率主要集中在 1%—20% 的区间，这一区间的企业达到 92.7%，如图 2-3 所示。

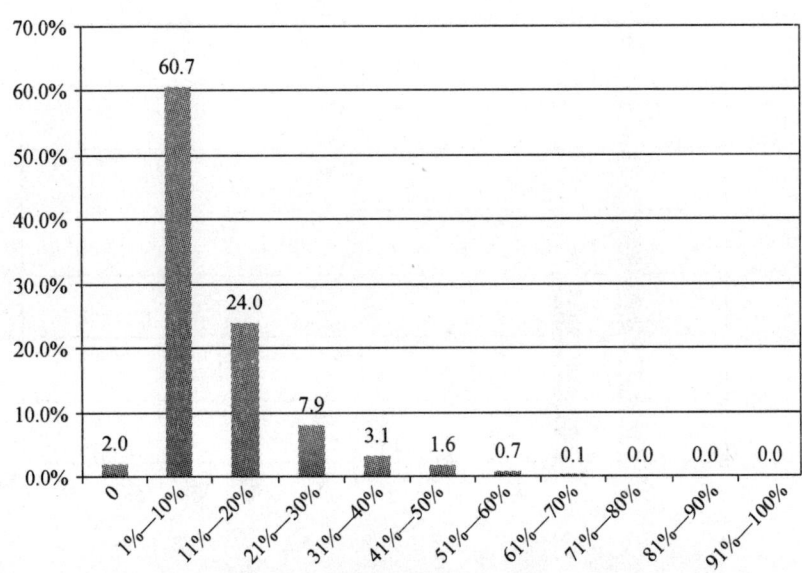

图2-1 总样本销售额增长率的分布

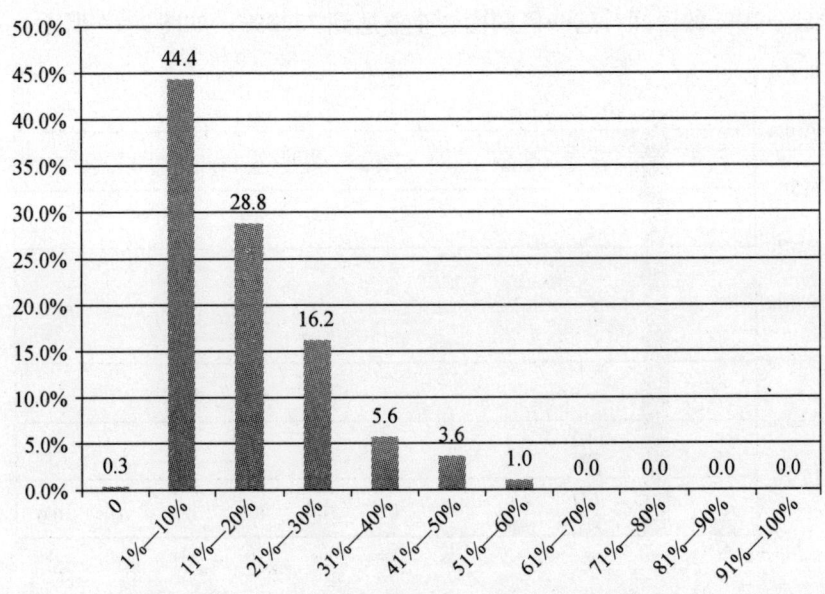

图2-2 北京市样本销售额增长率的分布

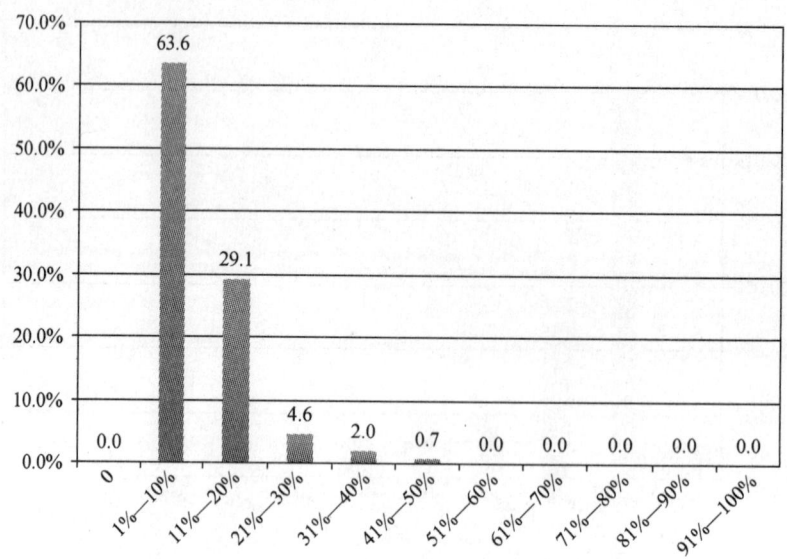

图 2-3 天津市样本销售额增长率的分布

河北省的调查结果显示，受调查的企业销售额增长率主要集中在 1%—10% 的区间，这一区间内的企业达到 73.8%，如图 2-4 所示。

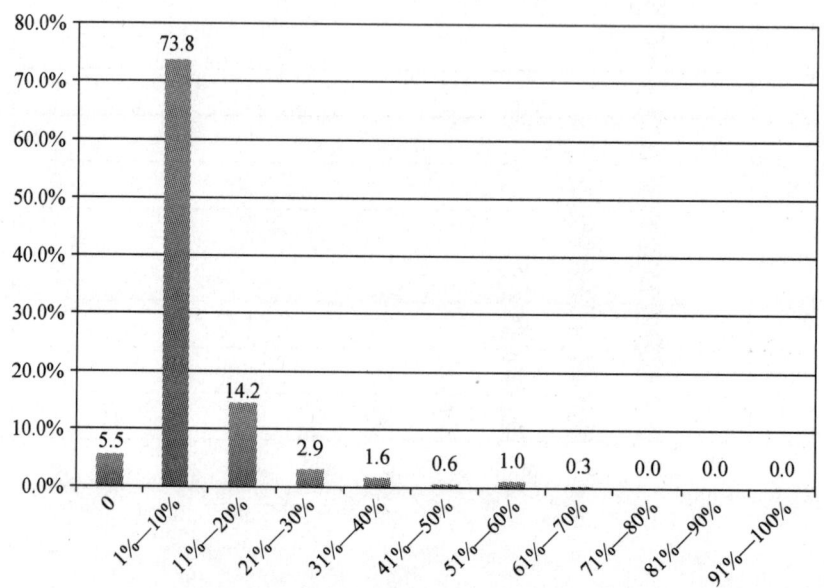

图 2-4 河北省样本销售额增长率的分布

我们对销售额增长率的主观评价（1 = 非常慢；2 = 比较慢；3 = 不好说；4 = 比较快；5 = 非常快）的调查结果显示：所有受调查的创业者对于自己企业的销售额增长率评价中，选择比较快、不好说和比较慢的多，如图2-5所示。

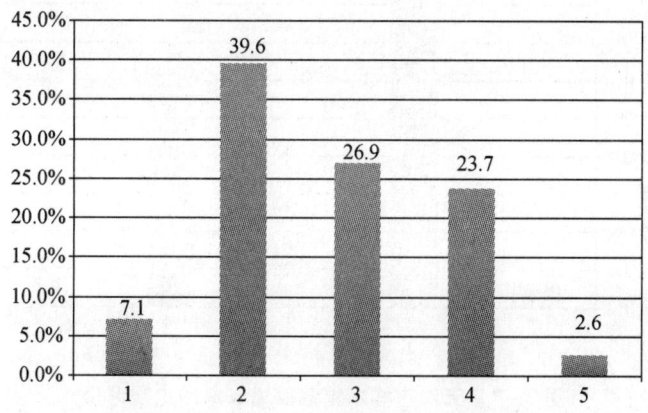

图2-5　总样本销售额增长率的主观评价

北京市的调查结果显示，受调查的创业者对于自己企业的销售额增长率评价中，选择比较快和比较慢的多，如图2-6所示。

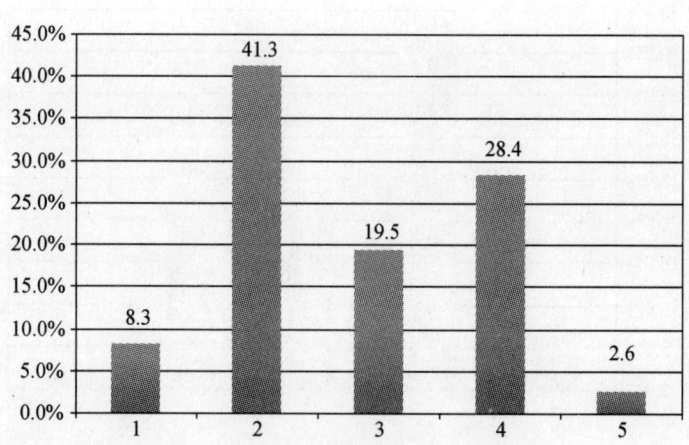

图2-6　北京市样本销售额增长率的主观评价

天津市的调查结果显示，受调查的创业者对于自己企业的销售额增长率评价中，选择比较快和比较慢的多，如图2-7所示。

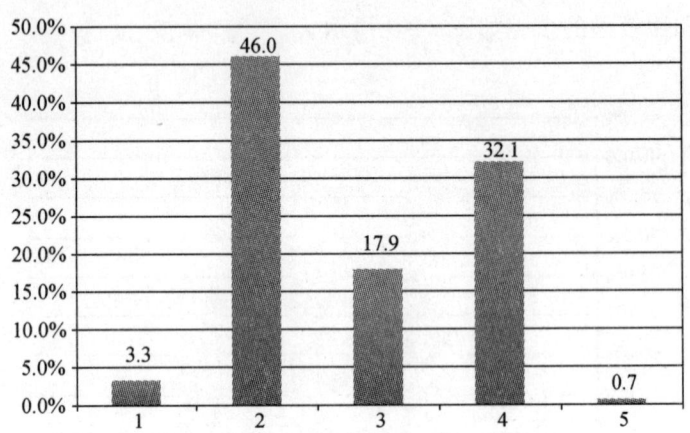

图2-7 天津市样本销售额增长率的主观评价

河北省的调查结果显示，受调查的创业者对于自己企业的销售额增长率评价中，选择比较快、不好说和比较慢的多，如图2-8所示。

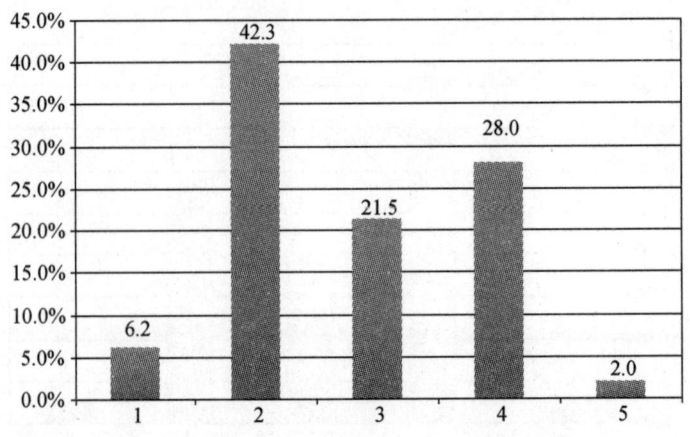

图2-8 河北省样本销售额增长率的主观评价

净利润增长率的调查结果显示：所有受调查的企业净利润增长率主要集中在 1%—10% 的区间，其比例超过了 50%，如图 2-9 所示。

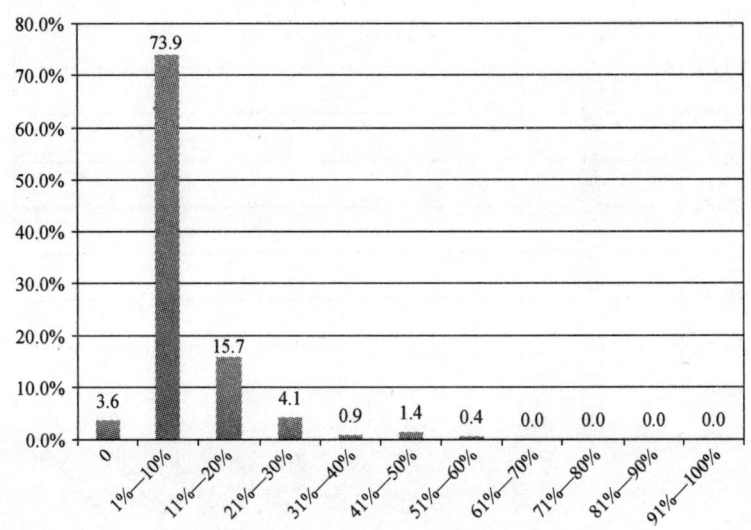

图 2-9　总样本净利润增长率的分布

北京市的调查结果显示，受调查的企业净利润增长率主要集中在 1%—10% 的区间，其比例超过了 50%，如图 2-10 所示。

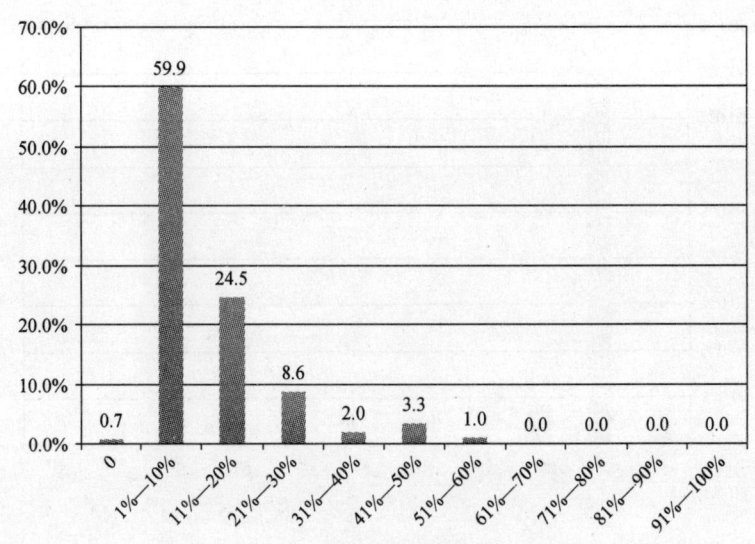

图 2-10　北京市样本净利润增长率的分布

天津市的调查结果显示，受调查的企业净利润增长率主要集中在1%—10%的区间，其比例超过了50%，如图2-11所示。

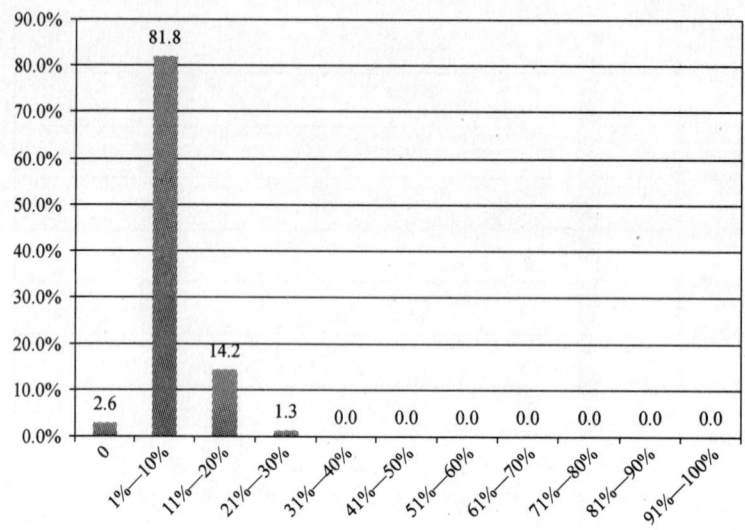

图 2-11 天津市样本净利润增长率的分布

河北省的调查结果显示，受调查的企业净利润增长率主要集中在1%—10%的区间，其比例超过了50%，如图2-12所示。

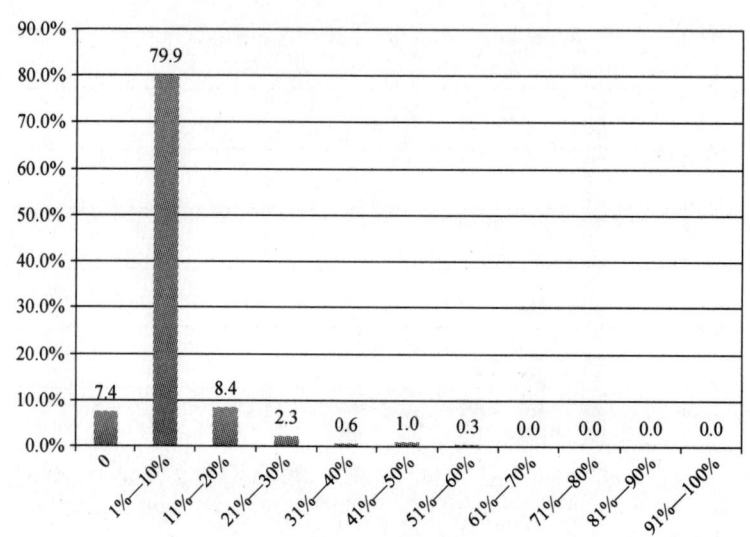

图 2-12 河北省样本净利润增长率的分布

净利润增长率的主观评价（1＝非常慢；2＝比较慢；3＝不好说；4＝比较快；5＝非常快）调查结果显示：所有受调查的企业对于自己企业的净利润增长率评价总体上趋于负面，选择比较慢的比例达到了41.8%，如图2－13所示。

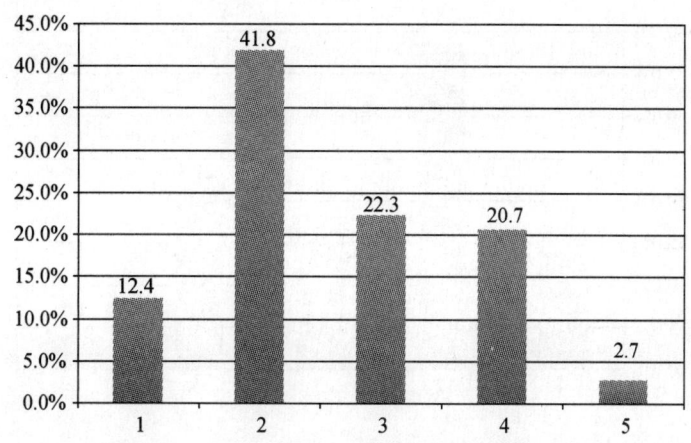

图2－13 总样本净利润增长率的主观评价

北京市的调查结果显示，受调查的创业者对于自己企业的净利润增长率评价总体上趋于负面，选择比较慢的比例达到了47.2%，如图2－14所示。

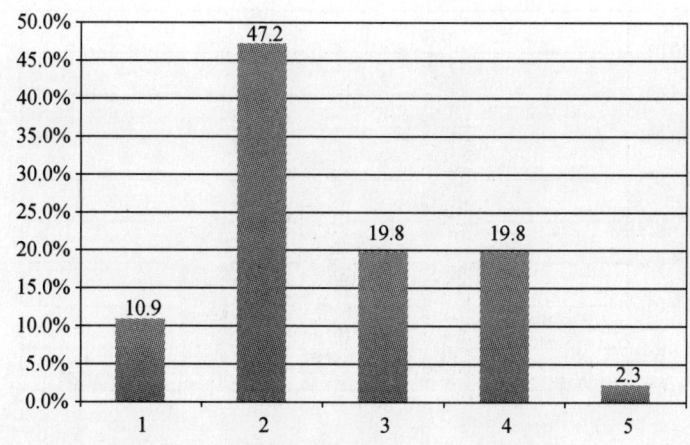

图2－14 北京市样本净利润增长率的主观评价

天津市的调查结果显示，受调查的创业者对于自己企业的净利润增长率评价总体上趋于负面，选择比较慢的比例达到了38.7%，如图2-15所示。

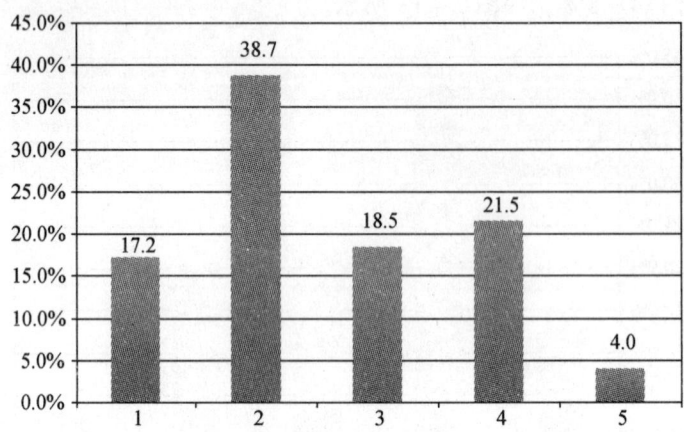

图2-15　天津市样本净利润增长率的主观评价

河北省的调查结果显示，受调查的创业者对于自己企业的净利润增长率评价总体上趋于负面，选择比较慢的比例达到了39.6%，如图2-16所示。

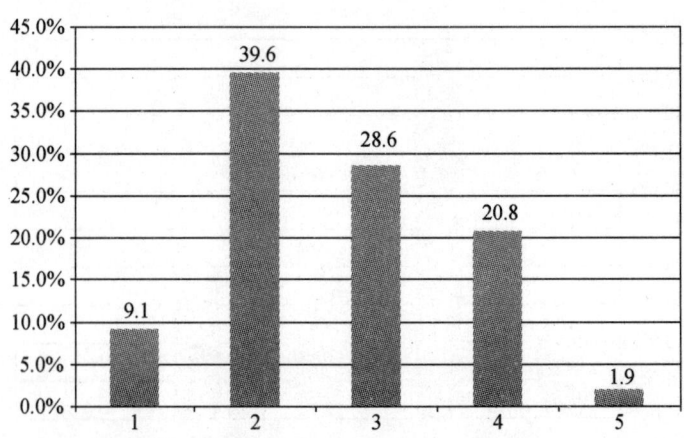

图2-16　河北省样本净利润增长率的主观评价

固定资产增长率调查结果显示：受调查的企业固定资产增长率主要集中在1%—10%的区间，其比例接近70%，如图2-17所示。

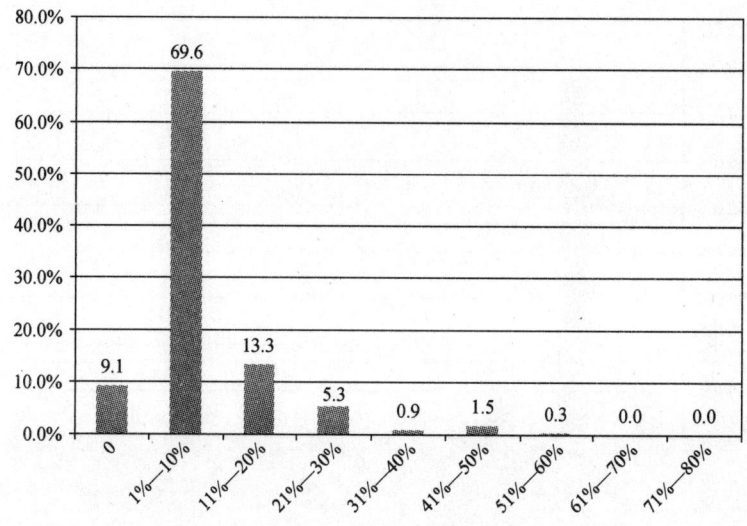

图2-17 总样本固定资产增长率的分布

北京市的调查结果显示，受调查的企业固定资产增长率主要集中在1%—10%的区间，其比例接近60%，如图2-18所示。

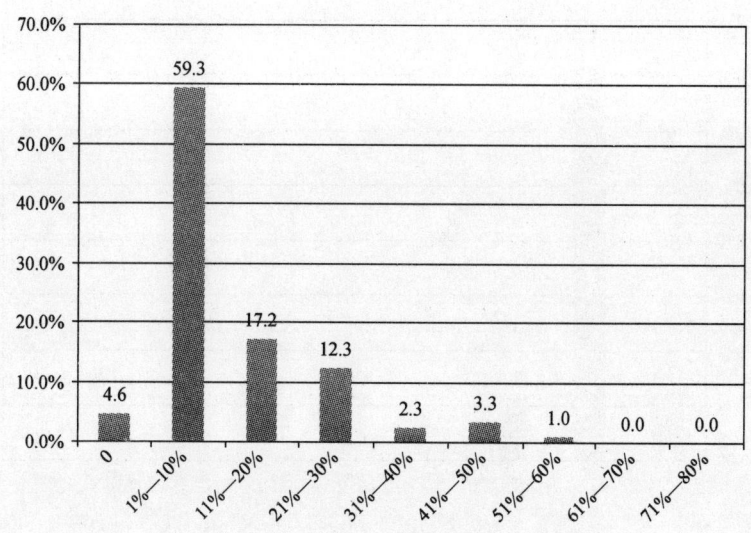

图2-18 北京市样本固定资产增长率的分布

天津市的调查结果显示，受调查的企业固定资产增长率主要集中在1%—10%的区间，其比例接近80%，如图2-19所示。

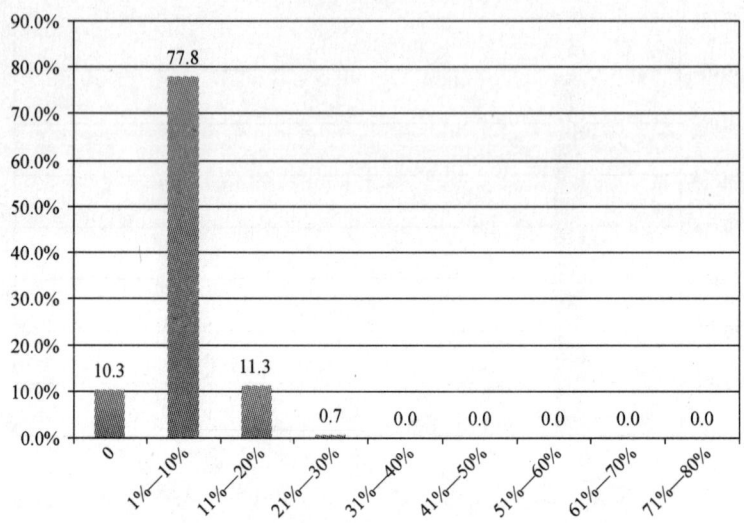

图2-19 天津市样本固定资产增长率的分布

河北省的调查结果显示，受调查的企业固定资产增长率主要集中在1%—10%的区间，其比例超过70%，如图2-20所示。

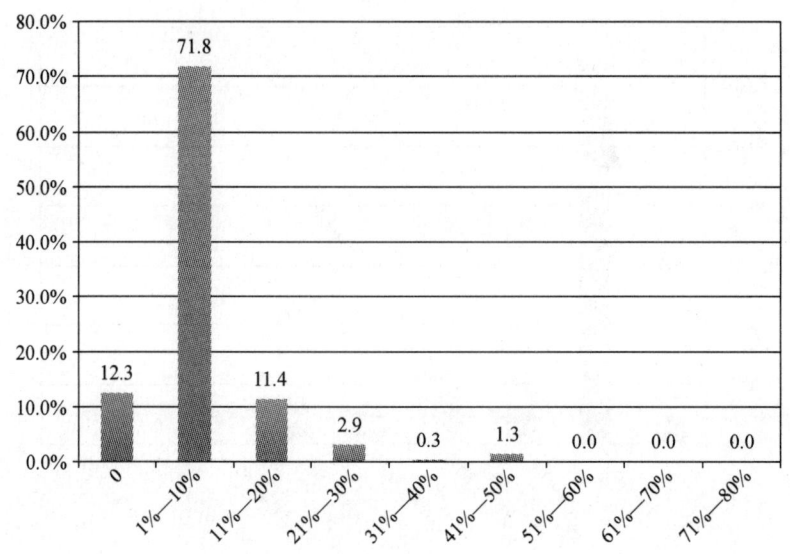

图2-20 河北省样本固定资产增长率的分布

固定资产增长率的主观评价（1 = 非常慢；2 = 比较慢；3 = 不好说；4 = 比较快；5 = 非常快）调查结果显示：所有受调查的创业者对于自己企业的固定资产增长率评价比较均衡，选择比较慢的最多，如图 2 - 21 所示。

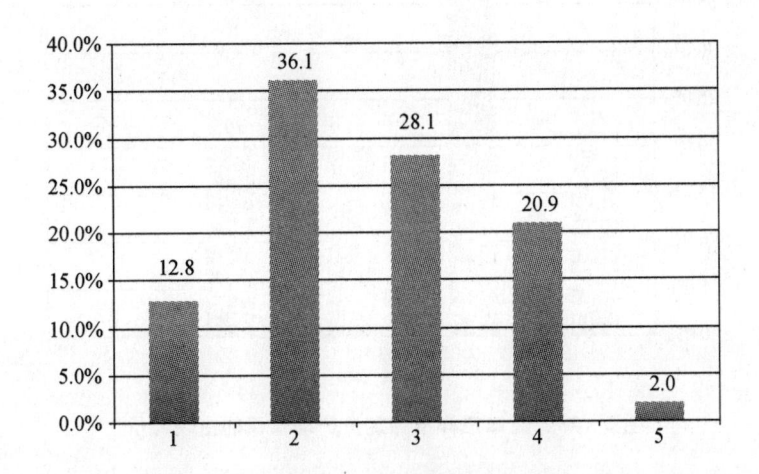

图 2 - 21　总样本固定资产增长率的主观评价

北京市的调查结果显示，受调查的创业者对于自己企业的固定资产增长率评价大都是比较慢和不好说，如图 2 - 22 所示。

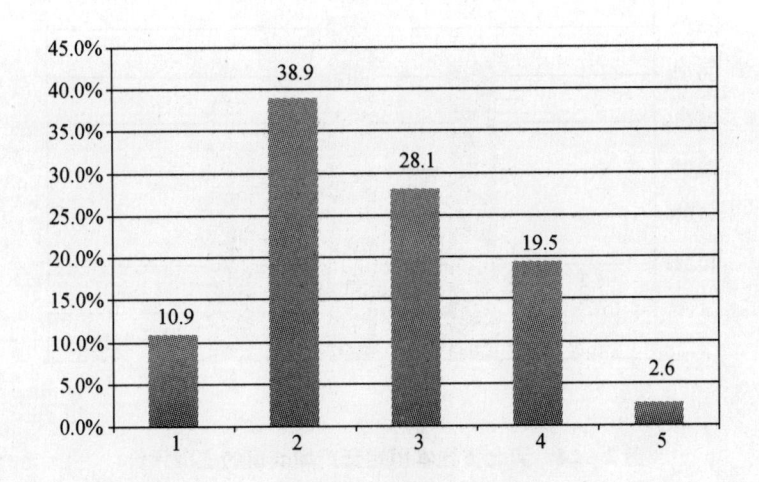

图 2 - 22　北京市样本固定资产增长率的主观评价

天津市的调查结果显示，受调查的创业者对于自己企业的固定资产增长率评价比较均衡，选择比较慢的最多，如图2-23所示。

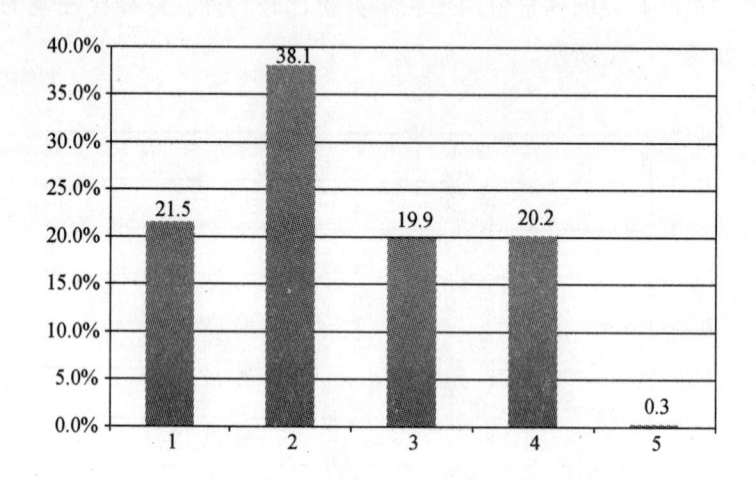

图2-23 天津市样本固定资产增长率的主观评价

河北省的调查结果显示，受调查的创业者对于自己企业的固定资产增长率评价比较均衡，选择不好说的最多，如图2-24所示。

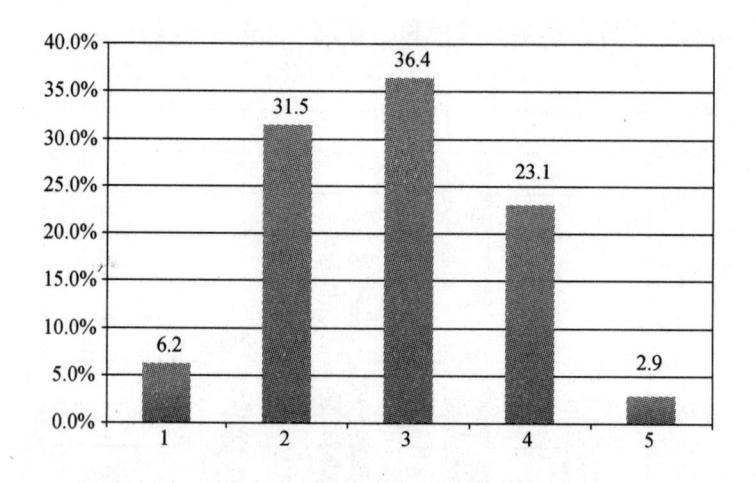

图2-24 河北省样本固定资产增长率的主观评价

总资产增长率调查结果显示：所有受调查的企业总资产增长率主要集中在1%—10%的区间，其比例达到70.2%，如图2-25所示。

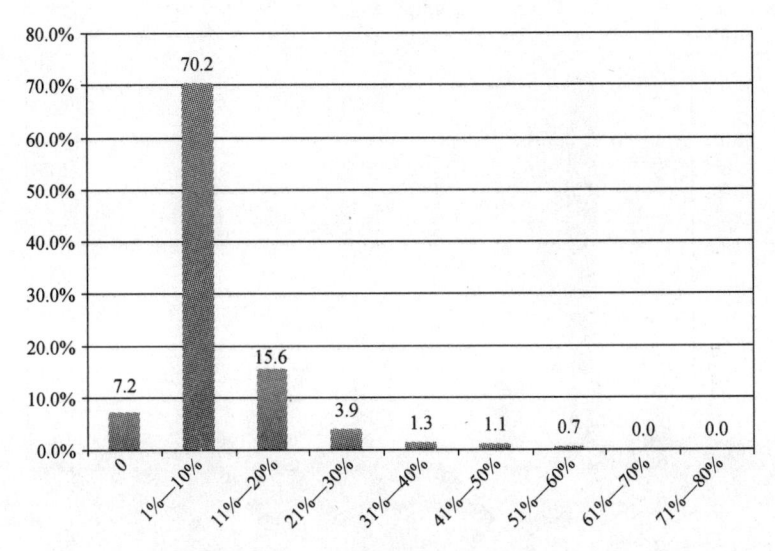

图2-25 总样本总资产增长率的分布

北京市的调查结果显示，受调查的企业总资产增长率主要集中在1%—10%的区间，其比例接近60%，如图2-26所示。

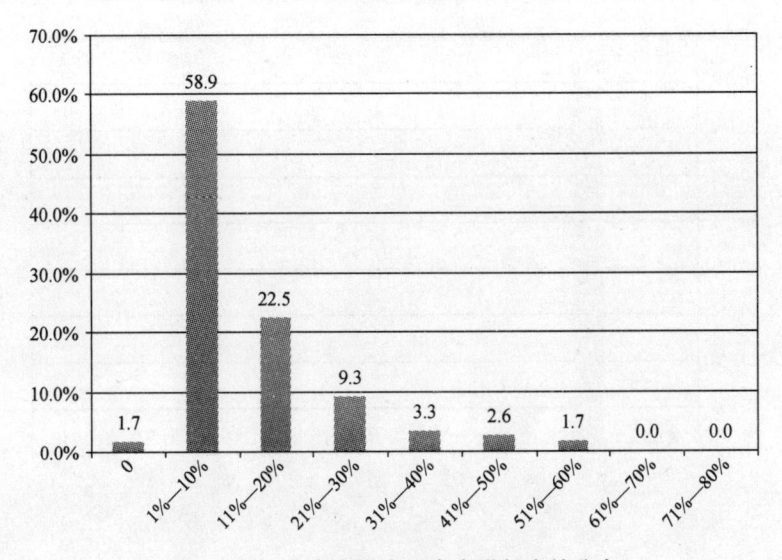

图2-26 北京市样本总资产增长率的分布

天津市的调查结果显示，受调查的企业总资产增长率主要集中在1%—10%的区间，其比例达到72.5%，如图2-27所示。

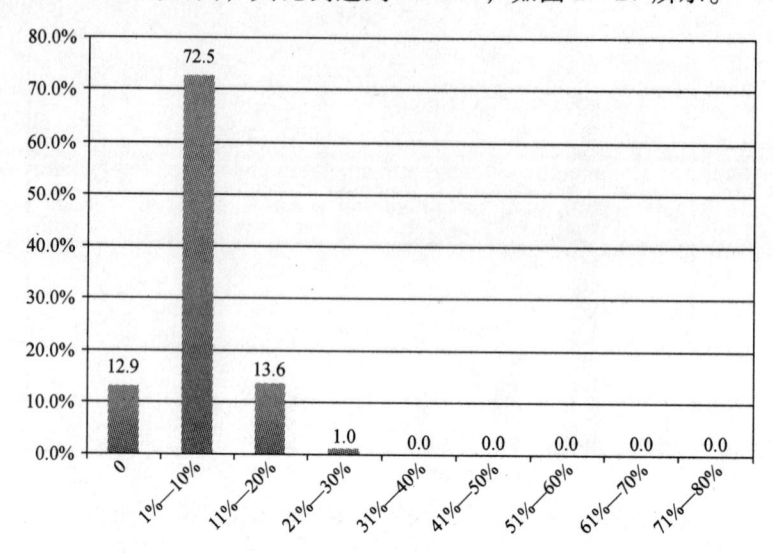

图2-27 天津市样本总资产增长率的分布

河北省的调查结果显示，受调查的企业总资产增长率主要集中在1%—10%的区间，其比例达到79.0%，如图2-28所示。

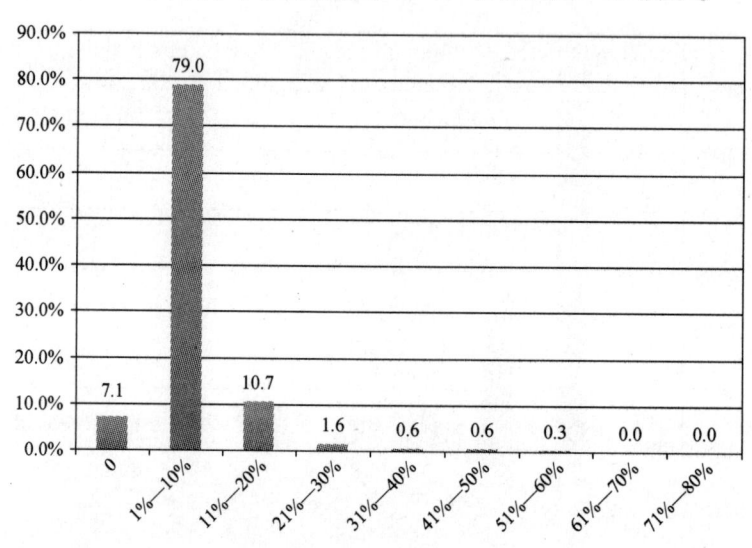

图2-28 河北省样本总资产增长率的分布

总资产增长率的主观评价（1＝非常慢；2＝比较慢；3＝不好说；4＝比较快；5＝非常快）调查结果显示：所有受调查的创业者对于自己企业的总资产增长率的总体评价集中在比较慢、不好说和比较快上，如图 2－29 所示。

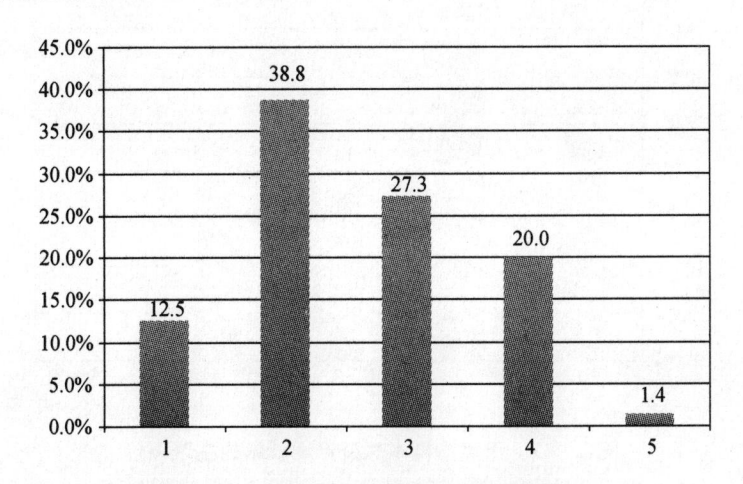

图 2－29 总样本总资产增长率的主观评价

北京市的调查结果显示，受调查的创业者对于自己企业的总资产增长率的总体评价集中在比较慢、不好说和比较快上，如图 2－30 所示。

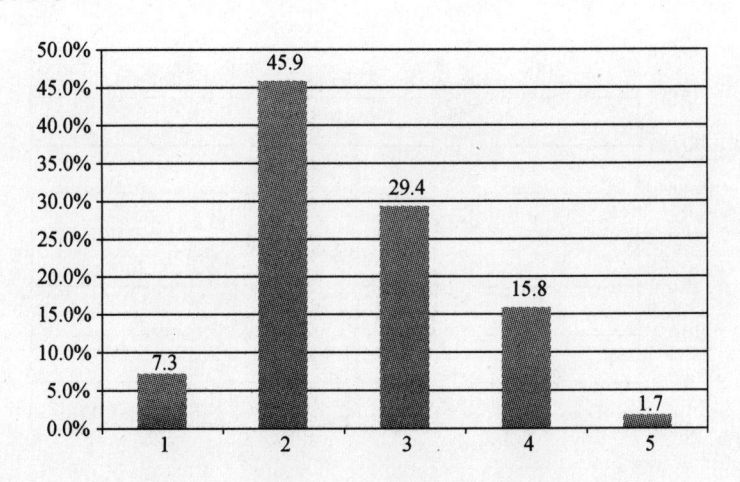

图 2－30 北京市样本总资产增长率的主观评价

天津市的调查结果显示，受调查的创业者对于自己企业的总资产增长率的总体评价比较均衡，如图2-31所示。

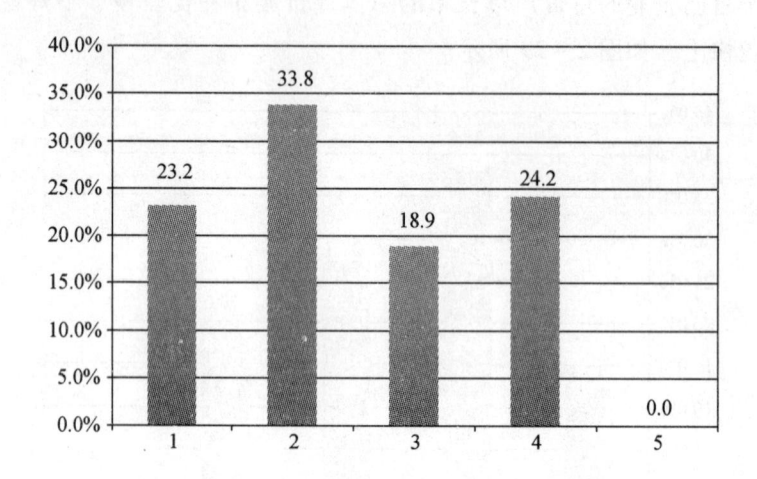

图 2-31 天津市样本总资产增长率的主观评价

河北省的调查结果显示，受调查的创业者对于自己企业的总资产增长率的总体评价集中在比较慢、不好说和比较快上，如图2-32所示。

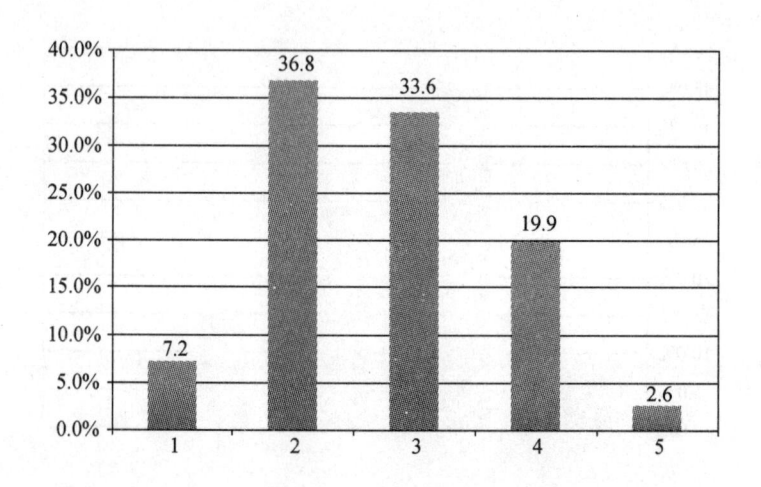

图 2-32 河北省样本总资产增长率的主观评价

雇员增长率调查结果显示：受调查的企业雇员增长率主要集中在1%—10%的区间，其比例接近65%，如图2-33所示。

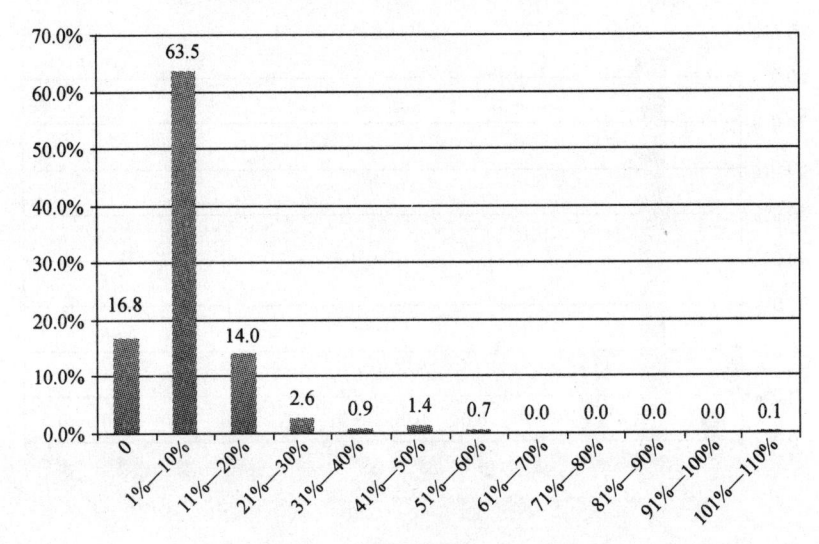

图2-33 总样本雇员增长率的分布

北京市的调查结果显示，受调查的企业雇员增长率主要集中在1%—10%的区间，其比例接近50%，如图2-34所示。

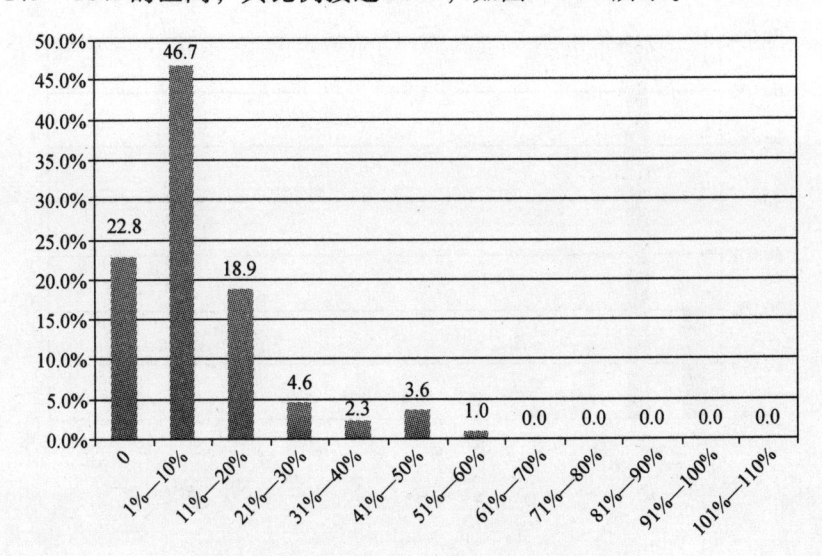

图2-34 北京市样本雇员增长率的分布

天津市的调查结果显示，受调查的企业雇员增长率主要集中在1%—10%的区间，其比例接近80%，如图2-35所示。

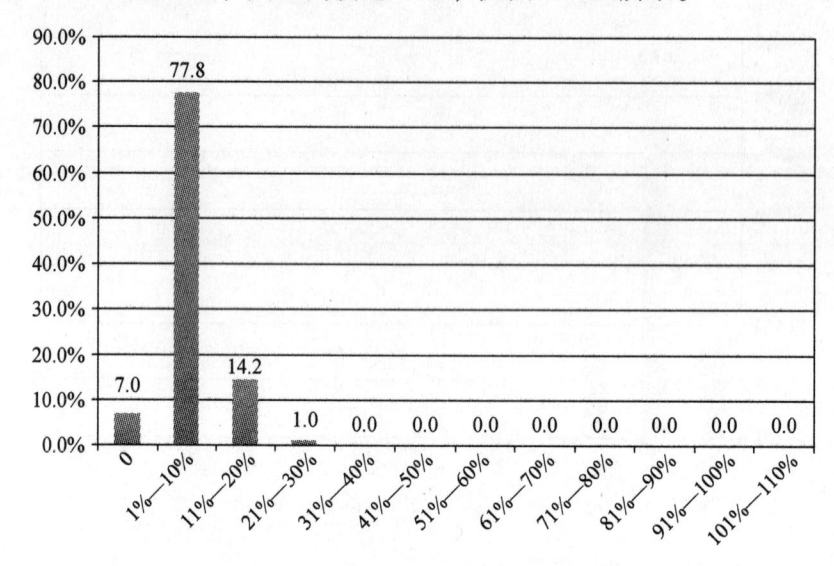

图2-35　天津市样本雇员增长率的分布

河北省的调查结果显示，受调查的企业雇员增长率主要集中在1%—10%的区间，其比例达到66.0%，如图2-36所示。

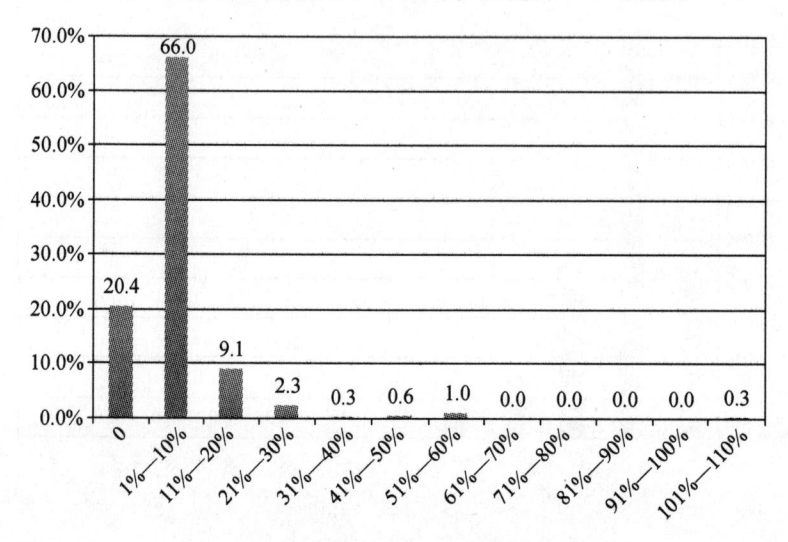

图2-36　河北省样本雇员增长率的分布

第二章 京津冀创业种群活跃指数评测

雇员增长率的主观评价（1=非常慢；2=比较慢；3=不好说；4=比较快；5=非常快）调查结果显示：所有受调查的创业者对于自己企业的雇员增长率评价总体上比较均衡，选择比较慢、不好说和比较快的多，如图2-37所示。

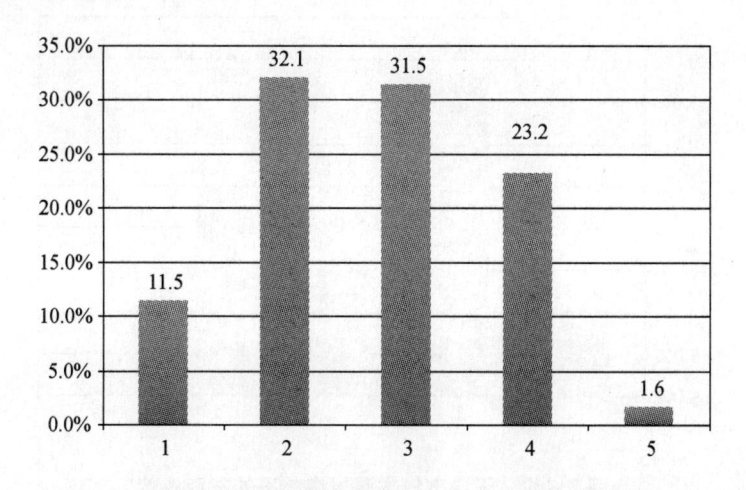

图2-37 总样本雇员增长率的主观评价

北京市的调查结果显示，受调查的创业者对于自己企业的雇员增长率评价总体上比较均衡，选择比较慢、不好说和比较快的多，如图2-38所示。

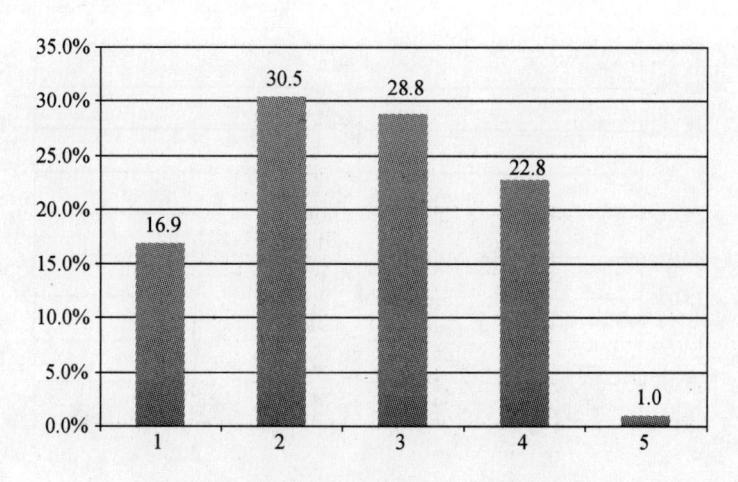

图2-38 北京市样本雇员增长率的主观评价

天津市的调查结果显示，受调查的创业者对于自己企业的雇员增长率评价总体上比较均衡，选择比较慢、不好说和比较快的多，如图2-39所示。

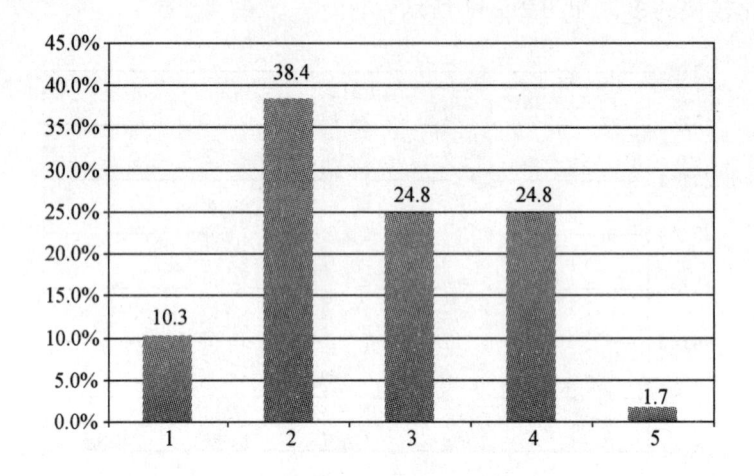

图2-39 天津市样本雇员增长率的主观评价

河北省的调查结果显示，受调查的创业者对于自己企业的雇员增长率评价总体上比较均衡，选择比较慢、不好说和比较快的多，如图2-40所示。

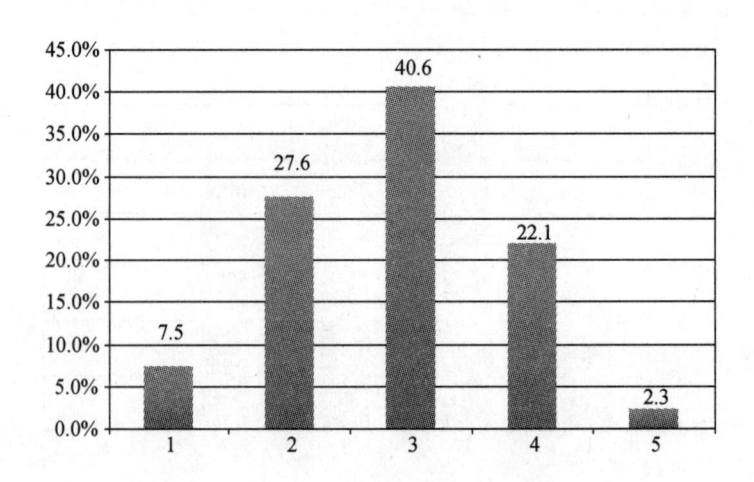

图2-40 河北省样本雇员增长率的主观评价

当把企业的增长率整合到区域创业生态指数中时,我们主要从创业者对于各项增长率的主观评价方面对新创企业成长进行评价,因为在很多情况下,新创企业的增长率不高并不意味着创业活动遇到问题,这可能是因为新创企业所处的整个行业处于低谷,或是企业处于刚刚起步阶段,暂时的低增长率并不意味着创业活动可能失败。

数据分析结果显示,京津冀地区在新创企业成长性方面的得分为2.67,其中北京市的得分为2.66,天津市的得分为2.58,河北省的得分为2.76。

二 社会人群的创业倾向

社会人群创业倾向调查使用了已有研究中广泛采用的量表,这一量表共有6道题项。

"我已经做好准备成为一个创业者(1=非常不赞同;2=有点不赞同;3=不好说;4=有点赞同;5=非常赞同)"的调查结果显示:一般社会人群在有点赞同的选项上比例最高,如图2-41所示。

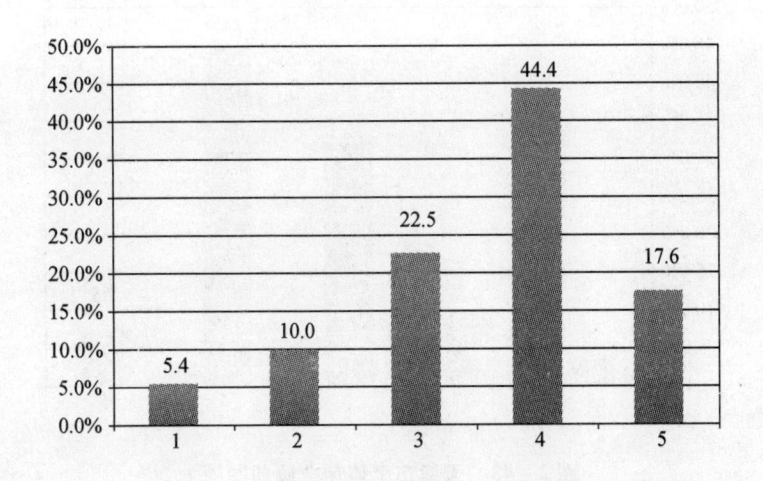

图2-41 总样本个体创业倾向题项1

北京市的调查结果显示，一般社会人群在有点赞同的选项上比例最高，其次是非常赞同，表明他们在创业方面的准备较为充分，如图 2-42 所示。

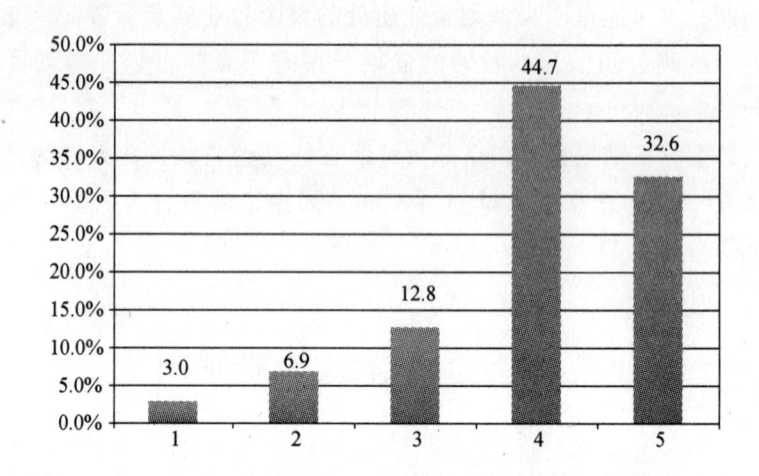

图 2-42　北京市个体创业倾向题项 1

天津市的调查结果显示，一般社会人群在有点赞同的选项上比例最高，表明他们在创业方面的准备较为充分，如图 2-43 所示。

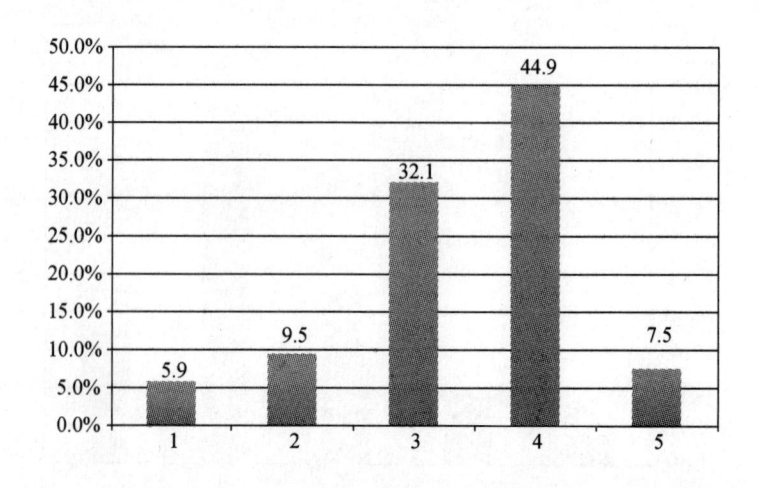

图 2-43　天津市个体创业倾向题项 1

河北省的调查结果显示,一般社会人群在有点赞同的选项上比例最高,如图2-44所示。

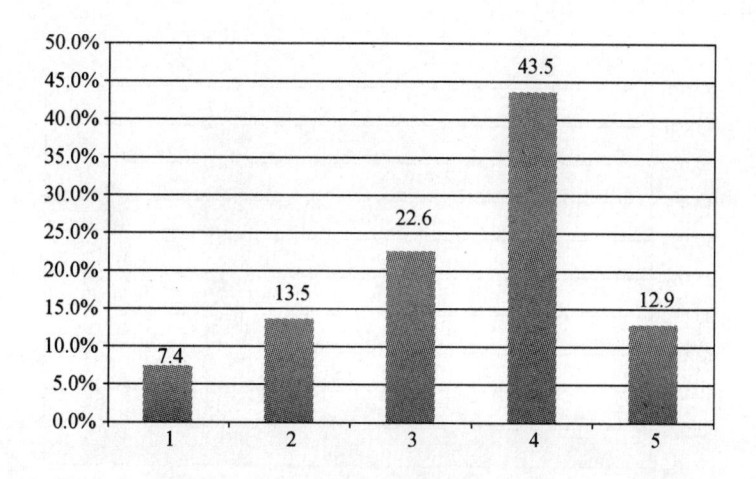

图2-44 河北省个体创业倾向题项1

"我的职业目标是成为一个创业者(1=非常不赞同;2=有点不赞同;3=不好说;4=有点赞同;5=非常赞同)"的调查结果显示:一般社会人群在有点赞同的选项上比例最高,表明他们的职业目标在很大程度上与创业相关,如图2-45所示。

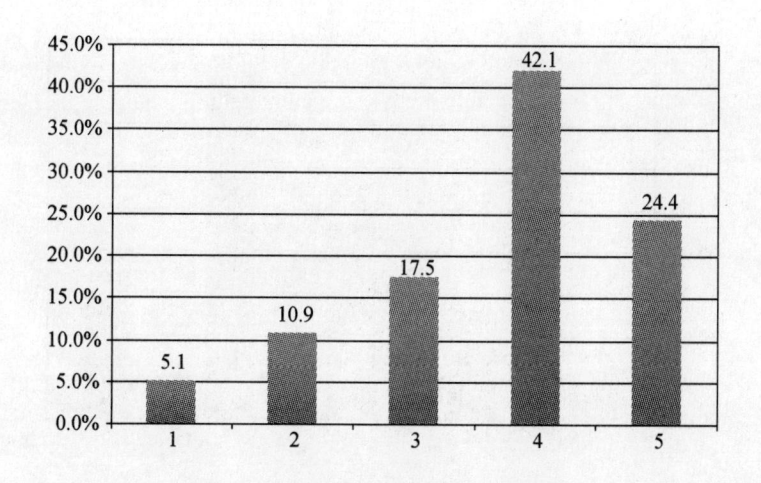

图2-45 总样本个体创业倾向题项2

北京市的调查结果显示，一般社会人群在有点赞同的选项上比例最高，其次是非常赞同，表明他们的职业目标在很大程度上与创业相关，如图2-46所示。

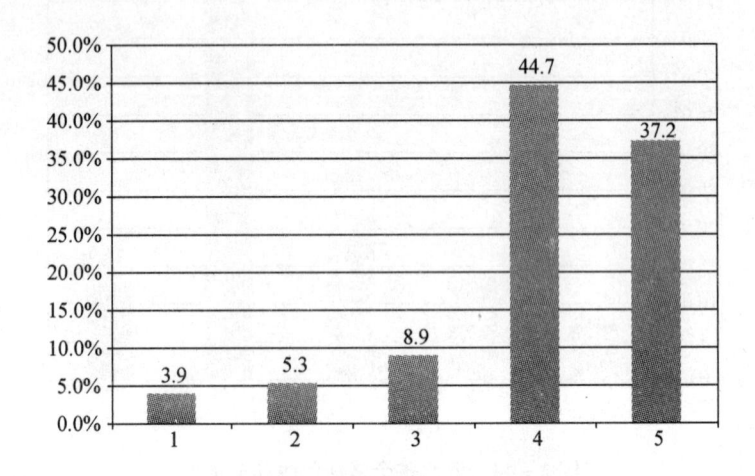

图2-46 北京市个体创业倾向题项2

天津市的调查结果显示，一般社会人群在有点赞同的选项上比例最高，表明他们的职业目标在很大程度上与创业相关，如图2-47所示。

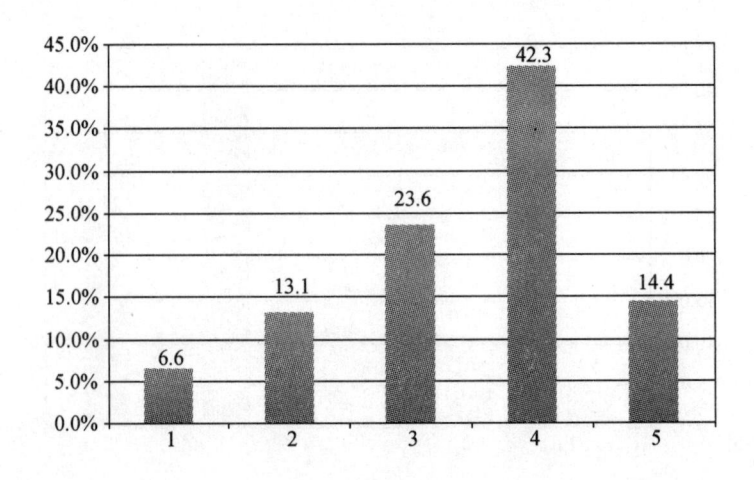

图2-47 天津市个体创业倾向题项2

河北省的调查结果显示，一般社会人群在有点赞同的选项上比例最高，表明他们的职业目标在很大程度上与创业相关，如图2-48所示。

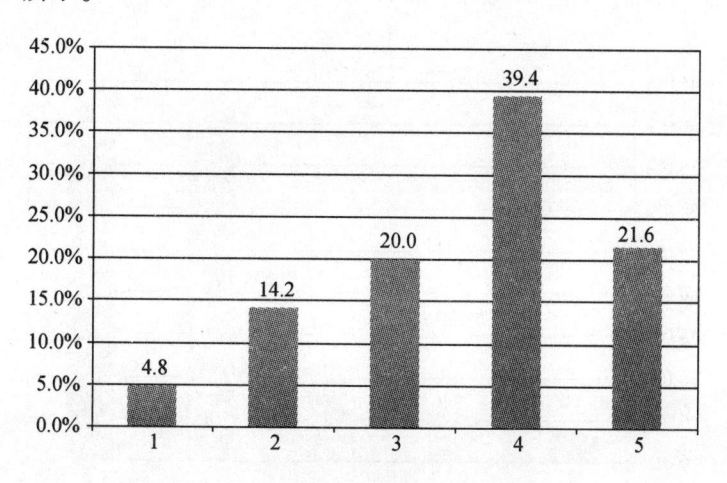

图2-48 河北省个体创业倾向题项2

"我将要做出所有努力来开创和运营我自己的企业（1＝非常不赞同；2＝有点不赞同；3＝不好说；4＝有点赞同；5＝非常赞同）"调查结果显示：一般社会人群在有点赞同和非常赞同的选项上比例最高，二者总和超过了60%，表明他们较有倾向来开创和运营自己的企业，如图2-49所示。

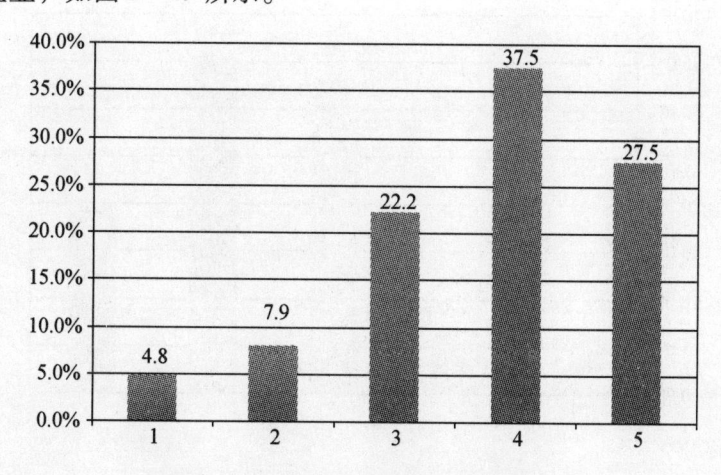

图2-49 总样本个体创业倾向题项3

北京市的调查结果显示，一般社会人群在有点赞同和非常赞同的选项上比例最高，二者总和达到了80%，表明他们较有倾向来开创和运营自己的企业，如图2-50所示。

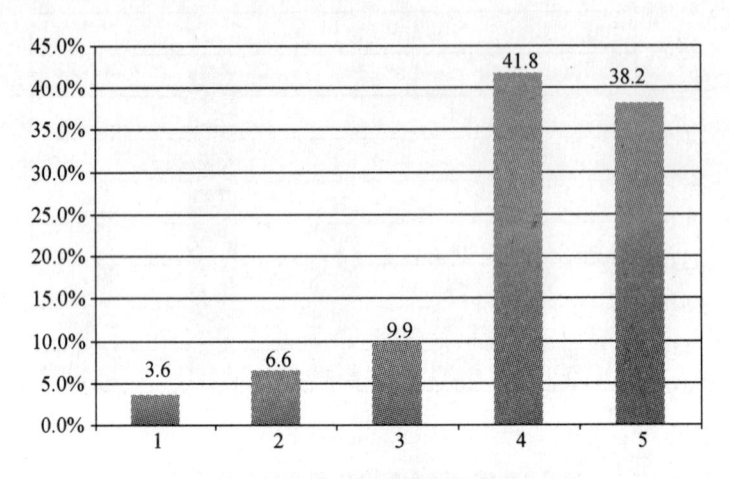

图2-50　北京市个体创业倾向题项3

天津市的调查结果显示，一般社会人群选择有点赞同和非常赞同的比例总和接近60%，表明他们较有倾向来开创和运营自己的企业，如图2-51所示。

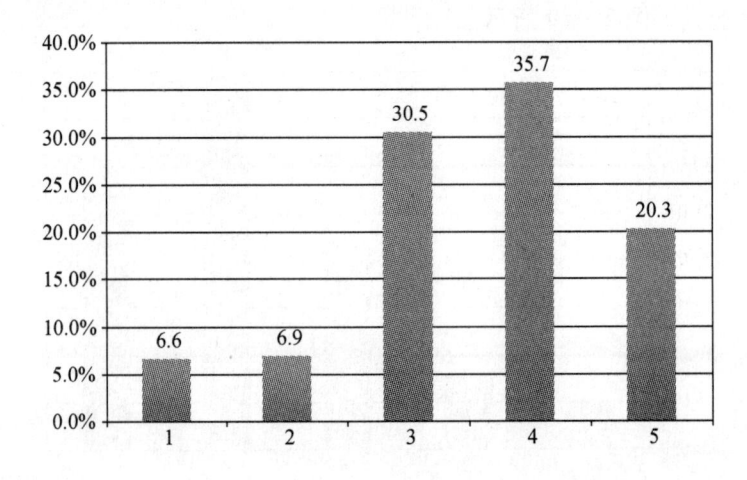

图2-51　天津市个体创业倾向题项3

河北省的调查结果显示，一般社会人群选择有点赞同和非常赞同的比例总和接近60%，表明他们较有倾向来开创和运营自己的企业，如图2-52所示。

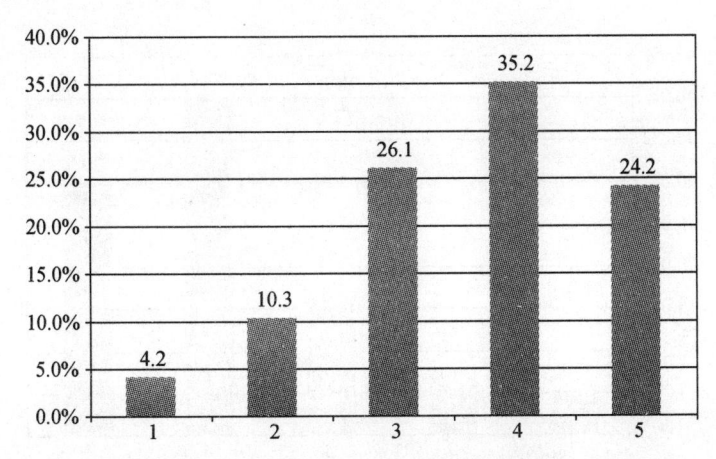

图2-52 河北省个体创业倾向题项3

"我已经决定未来创建一个企业（1=非常不赞同；2=有点不赞同；3=不好说；4=有点赞同；5=非常赞同）"调查结果显示：一般社会人群在有点赞同的选项上比例最高，表明他们较有倾向来开创和运营自己的企业，如图2-53所示。

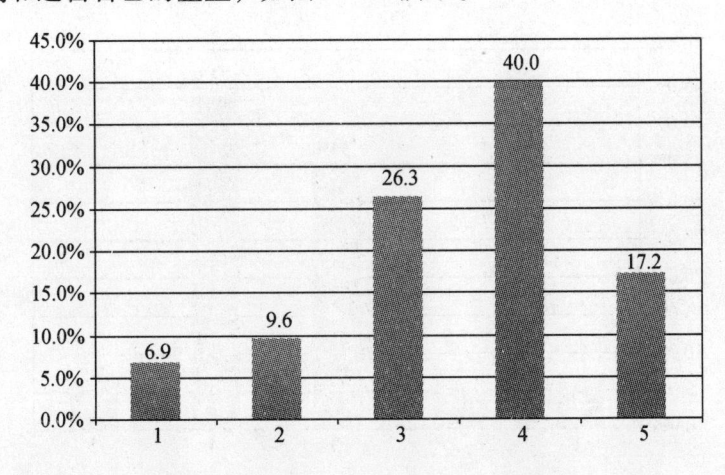

图2-53 总体人群个体创业倾向题项4

北京市的调查结果显示，一般社会人群在有点赞同和非常赞同的选项上比例最高，二者总和达到了70%，表明他们较有倾向来开创和运营自己的企业，如图2-54所示。

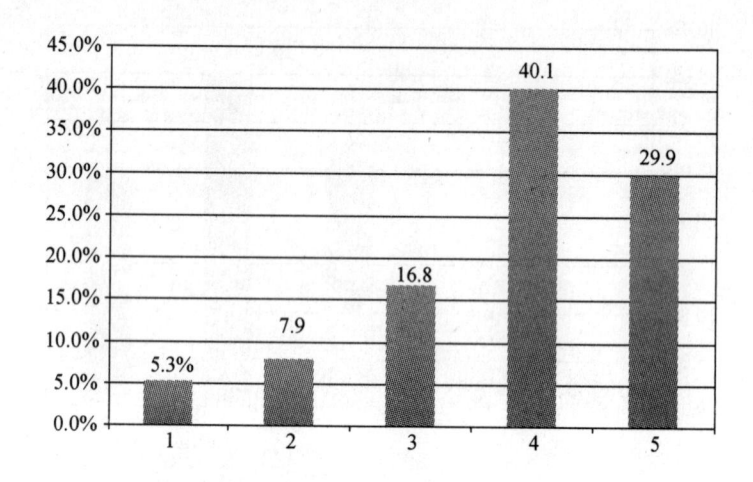

图2-54　北京市个体创业倾向题项4

天津市的调查结果显示，一般社会人群在有点赞同的选项上比例最高，表明他们较有倾向来开创和运营自己的企业，如图2-55所示。

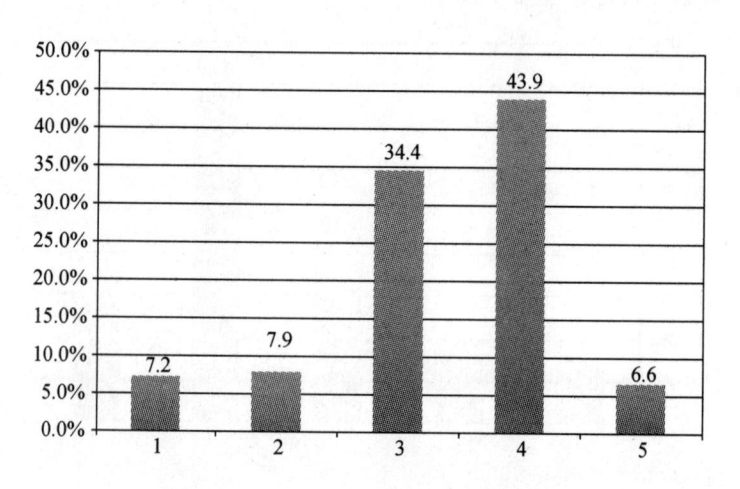

图2-55　天津市个体创业倾向题项4

河北省的调查结果显示，一般社会人群在有点赞同的选项上比例最高，表明他们较有倾向来开创和运营自己的企业，如图 2-56 所示。

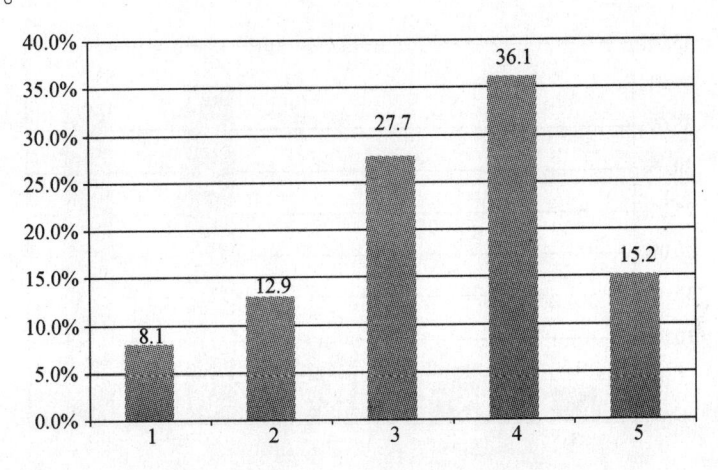

图 2-56　河北省个体创业倾向题项 4

"我已经认真地考虑过创业的事情（1＝非常不赞同；2＝有点不赞同；3＝不好说；4＝有点赞同；5＝非常赞同）"调查结果显示：一般社会人群在有点赞同和非常赞同的选项上填答者最多，二者总和超过 60%，表明绝大部分人群已经较认真考虑过未来的创业行动，如图 2-57 所示。

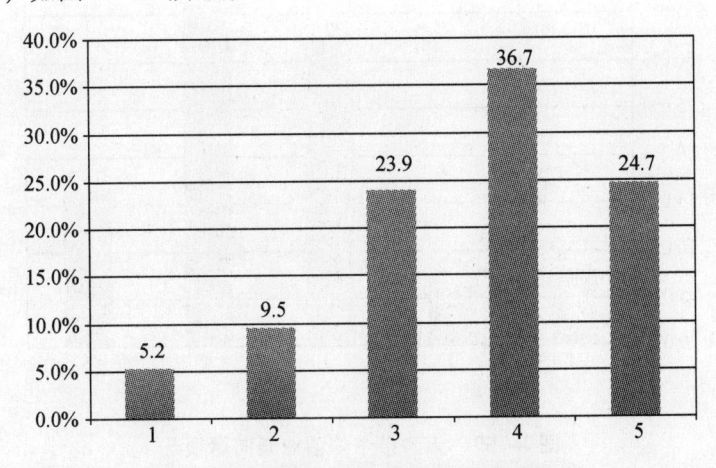

图 2-57　总体人群个体创业倾向题项 5

北京市的调查结果显示，一般社会人群在有点赞同和非常赞同的选项上填答者最多，二者总和超过70%，表明绝大部分人群已经较认真考虑过未来的创业行动，如图2-58所示。

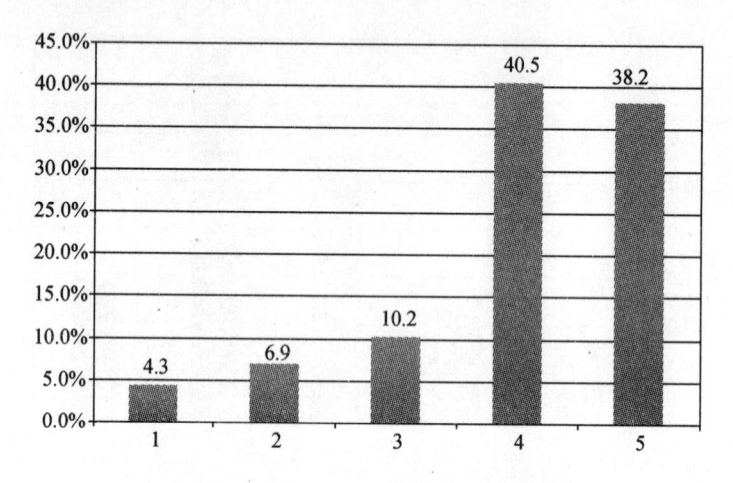

图2-58 北京市个体创业倾向题项5

天津市的调查结果显示，一般社会人群在有点赞同的选项上填答者最多，表明他们已经较认真考虑过未来的创业行动，如图2-59所示。

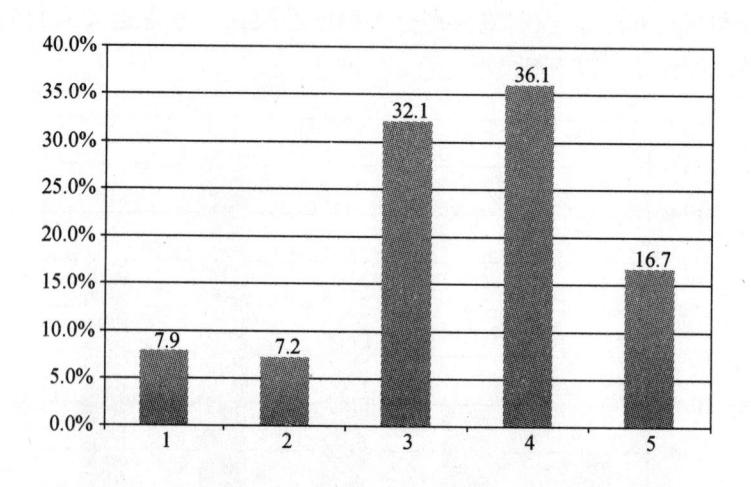

图2-59 天津市个体创业倾向题项5

河北省的调查结果显示，一般社会人群在有点赞同的选项上填答者最多，表明他们已经较认真考虑过未来的创业行动，如图2-60所示。

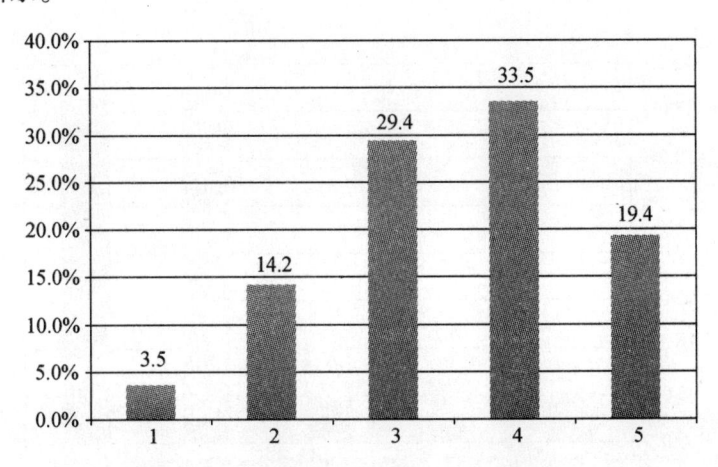

图 2-60　河北省个体创业倾向题项5

"我拥有坚定的目标准备某天创业（1＝非常不赞同；2＝有点不赞同；3＝不好说；4＝有点赞同；5＝非常赞同）"调查结果显示：一般社会人群在有点赞同和非常赞同的选项上填答者最多，二者总和超过60%，表明绝大部分人群在未来的发展中对于创业行动具有较坚定的目标，如图2-61所示。

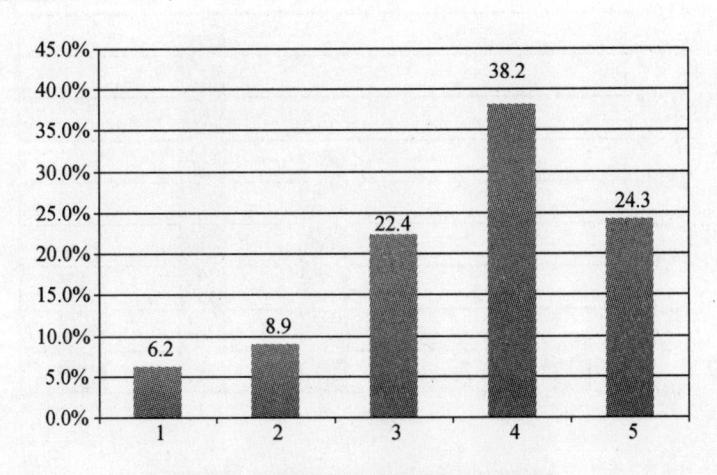

图 2-61　总样本个体创业倾向题项6

北京市的调查结果显示，一般社会人群在有点赞同和非常赞同的选项上填答者最多，二者总和超过70%，表明绝大部分人群在未来的发展中对于创业行动具有较坚定的目标，如图2-62所示。

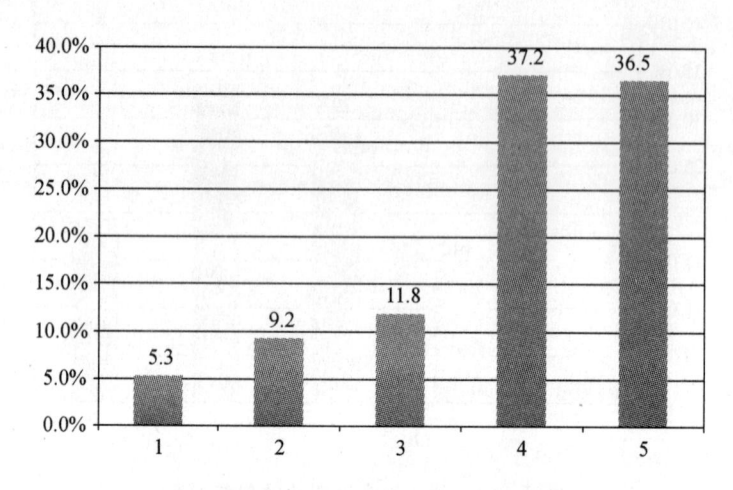

图2-62　北京市个体创业倾向题项6

天津市的调查结果显示，一般社会人群在有点赞同的选项上填答者最多，表明大部分人群在未来的发展中对于创业行动具有较坚定的目标，如图2-63所示。

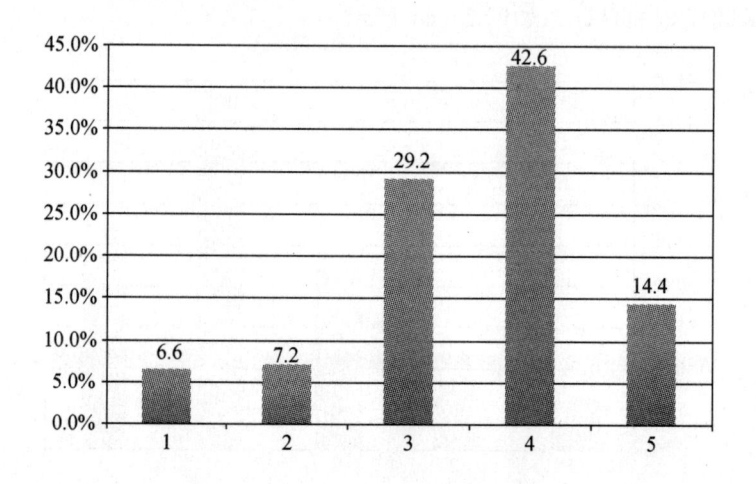

图2-63　天津市个体创业倾向题项6

河北省的调查结果显示，一般社会人群在有点赞同的选项上填答者最多，表明他们在未来的发展中对于创业行动具有较坚定的目标，如图2-64所示。

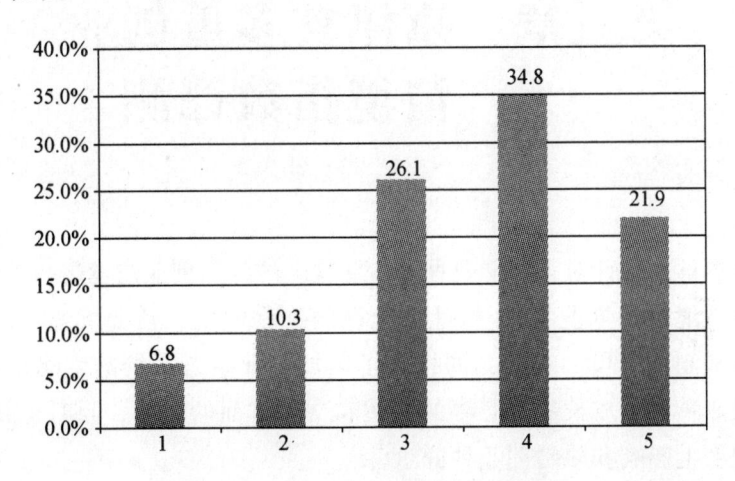

图2-64 河北省个体创业倾向题项6

数据分析结果显示，京津冀地区在社会人群创业倾向方面的得分为3.64，其中北京市的得分为3.97，天津市的得分为3.45，河北省的得分为3.50。

三 本章小结

本章主要关注创业生态指数的核心维度——创业种群的活跃程度。在研究中，创业种群的活跃程度分为新创企业成长性和社会人群创业倾向两个方面。从数据分析结果来看，将新创企业成长性与社会人群创业倾向的总体状况加总平均之后就得到了创业种群活跃指数为3.15。其中北京市的创业种群活跃指数为3.32，天津市的创业种群活跃指数为3.02，河北省的创业种群活跃指数为3.13。这些数值都是略高于中位数，总体而言，京津冀地区创业种群活跃程度尚可。

第三章　京津冀多重创业情境指数评测

本章主要针对影响创业种群活跃程度的外部创业情境进行评测。这些情境包括创业者/一般社会人群的家庭情境、社会情境、商业情境和制度情境。它们共同构成了区域创业生态系统的生态环境，为创业种群的成长提供必要的物质和文化方面的激励，同时也在不同程度上影响和限制创业种群。

一　家庭情境

在家庭情境方面，我们分别针对创业者和一般社会人群询问类似的问题：

面向创业者：在您的家庭（家族）成员中，多少个家庭（家族）成员为您的企业投资？面向一般社会人群：如果未来你准备创业的话，多少个家庭（家族）成员会为你的创业项目投资？调查结果显示：创业者和一般社会人群家庭（家族）成员在资金方面的支持上总体上类似，选择0、1、2的样本数量都高于其他选项，其区别则在于创业者样本中，0的选项选择人数最多，而一般社会人群中，2的选项最多，如图3-1所示。

北京市的调查结果显示，创业者和一般社会人群家庭（家族）成员在资金方面的支持上总体上类似，选择0、1、2的样本数量都高于其他选项，其区别则在于创业者样本中，0的选项选择人数最多，而一般社会人群中，同样是0的选项最多，如图3-2所示。

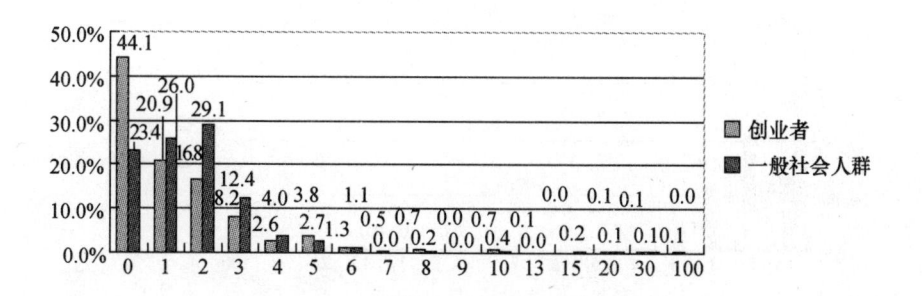

图 3-1　总体人群家庭对于创业活动的资金支持

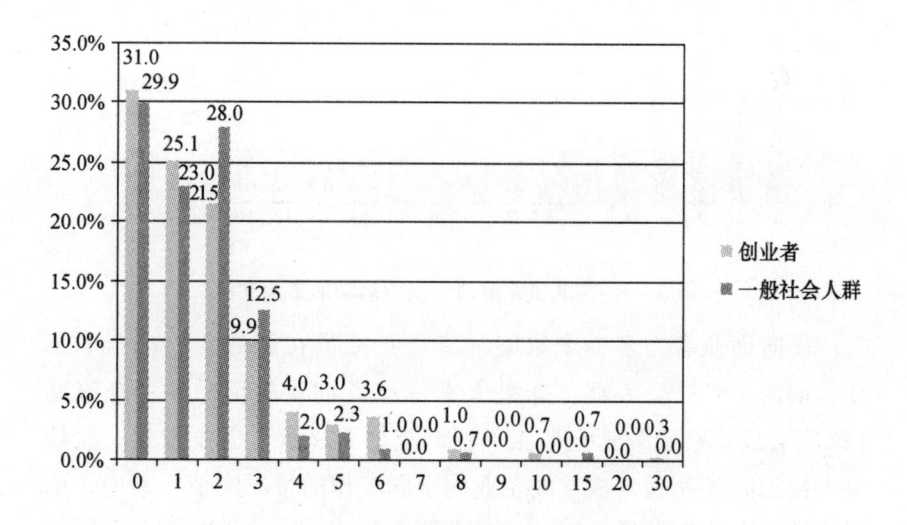

图 3-2　北京市家庭对于创业活动的资金支持

天津市的调查结果显示，创业者和一般社会人群家庭（家族）成员在资金方面的支持上总体上类似，选择 0、1、2 的样本数量都高于其他选项，其区别则在于创业者中，0 的选项选择人数最多，而一般社会人群中，1 最多，如图 3-3 所示。

河北省的调查结果显示，创业者和一般社会人群家庭（家族）成员在资金方面的支持上总体上类似，选择 0、1、2、3 的样本数量都高于其他选项，其区别则在于创业者样本中，0 的选项选择人数最多，而一般社会人群中，2 的选项最多，如图 3-4 所示。

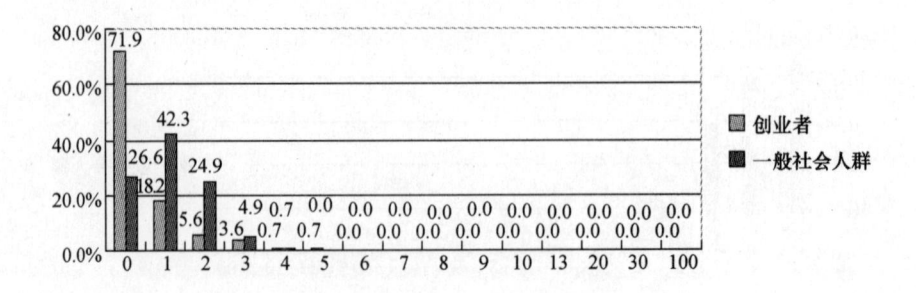

图 3-3　天津市家庭对于创业活动的资金支持

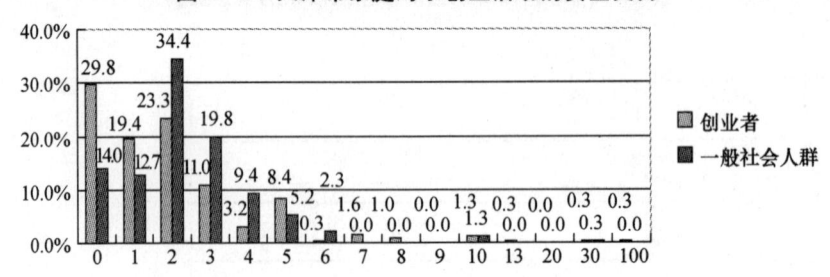

图 3-4　河北省家庭对于创业活动的资金支持

面向创业者：多少个家庭（家族）成员在您的企业内全职工作？面向一般社会人群：如果未来你准备创业的话，多少个家庭（家族）成员将会为你全职工作？调查结果显示：创业者和一般社会人群家庭（家族）成员在企业内全职工作的情况类似，其中，选择 0 的样本数量都是最高的，且在两个样本中，0 的选项大大超过了其他选项，如图 3-5 所示。

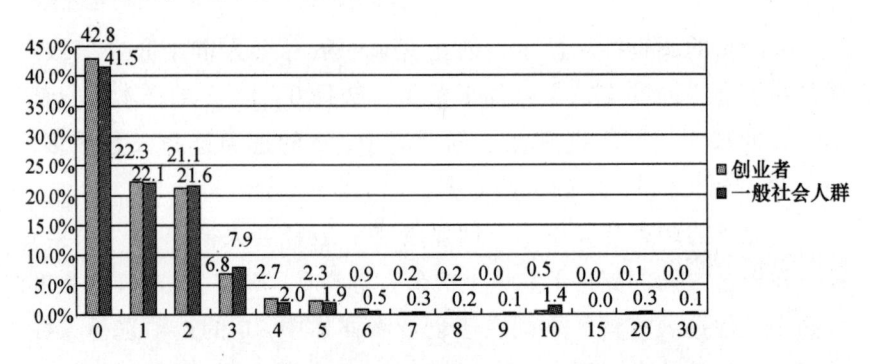

图 3-5　总体人群家庭对于创业活动的全职人力资本支持

北京市的调查结果显示，创业者和一般社会人群家庭（家族）成员在企业内全职工作的情况类似，其中，选择0的样本数量都是最高的，且在两个样本中，0的选项大大超过了其他选项，如图3-6所示。

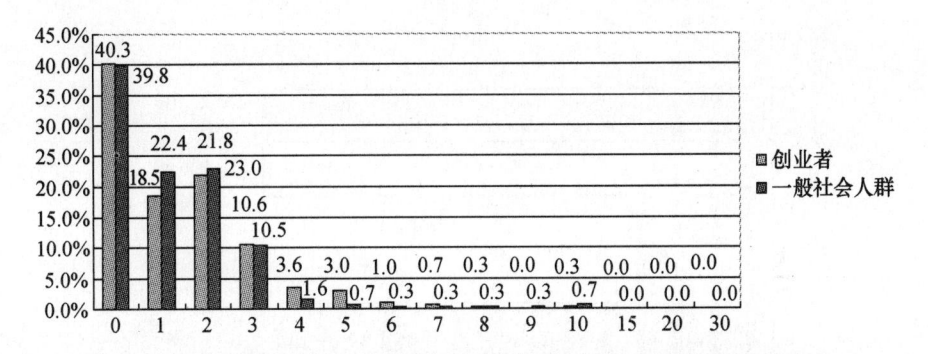

图3-6 北京市家庭对于创业活动的全职人力资本支持

天津市的调查结果显示，创业者和一般社会人群家庭（家族）成员在企业内全职工作的情况类似，其中，选择0的样本数量都是最高的，且在两个样本中，0的选项大大超过了其他选项，如图3-7所示。

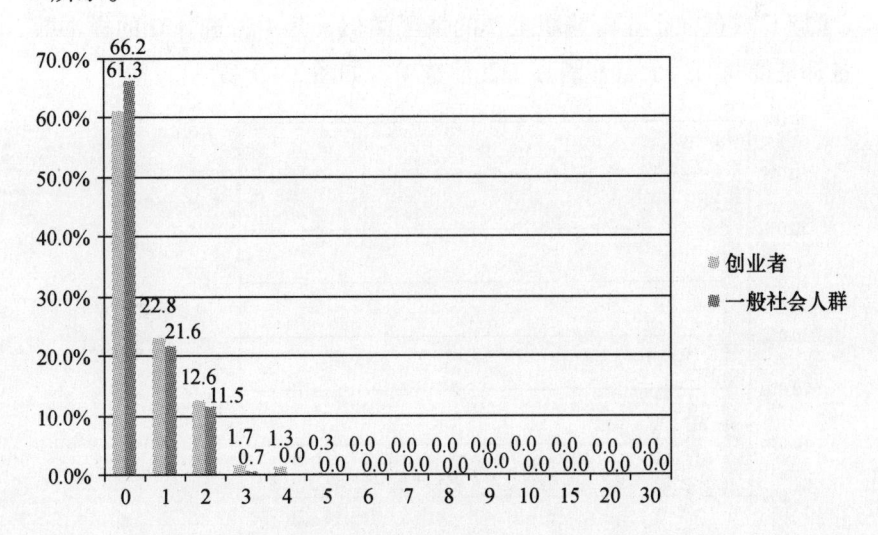

图3-7 天津市家庭对于创业活动的全职人力资本支持

河北省的调查结果显示,创业者和一般社会人群家庭(家族)成员在企业内全职工作的情况类似,无论创业者还是一般社会人群,选择 2 的样本数量都是最高的,如图 3-8 所示。

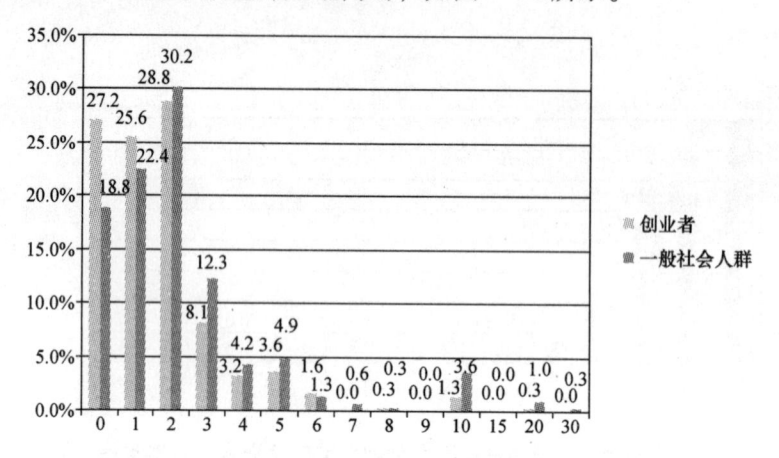

图 3-8 河北省家庭对于创业活动的全职人力资本支持

面向创业者:多少个家庭(家族)成员在您的企业内兼职?面向一般社会人群:如果未来你准备创业的话,多少个家庭(家族)成员将在您的企业内兼职?调查结果显示:创业者和一般社会人群家庭(家族)成员在企业内兼职工作的情况类似,其中,选择 0 的样本数量都是最高的,而且显著高于其他选项,如图 3-9 所示。

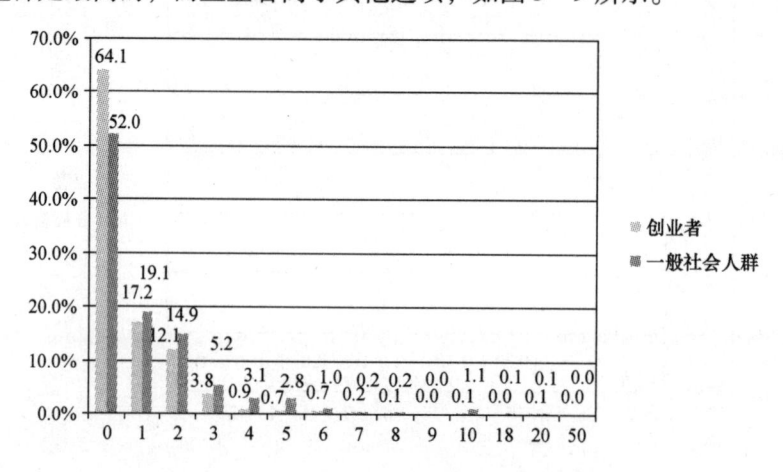

图 3-9 总体人群家庭对于创业活动的非全职人力资本支持

北京市的调查结果显示，创业者和一般社会人群家庭（家族）成员在企业内兼职工作的情况类似，其中，选择0的样本数量都是最高的，而且显著高于其他选项，如图3-10所示。

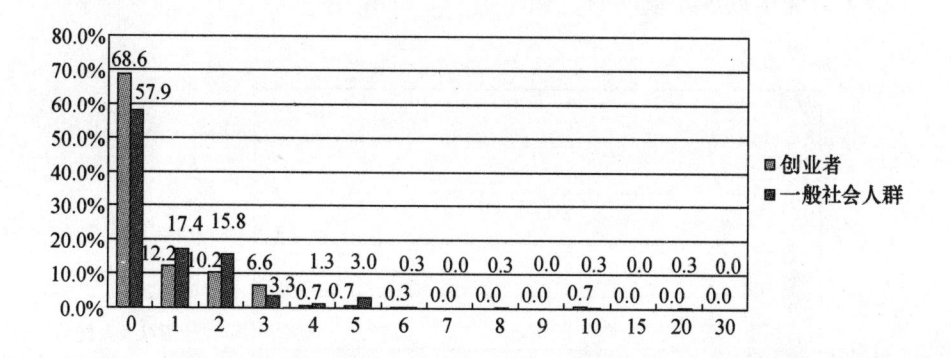

图3-10 北京市家庭对于创业活动的非全职人力资本支持

天津市的调查结果显示，创业者和一般社会人群家庭（家族）成员在企业内兼职工作的情况类似，其中，选择0的样本数量都是最高的，而且显著高于其他选项，如图3-11所示。

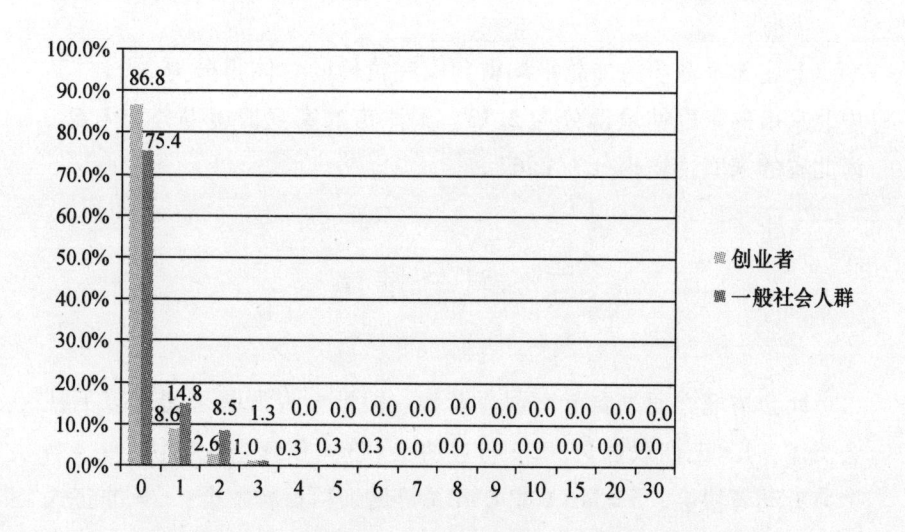

图3-11 天津市家庭对于创业活动的非全职人力资本支持

河北省的调查结果显示,创业者和一般社会人群家庭(家族)成员在企业内兼职工作的情况类似,其中,创业者中选择 0 的样本数量是最高的,而且显著高于其他选项,而在一般社会人群中,选择 1 的样本数量是最高的,如图 3-12 所示。

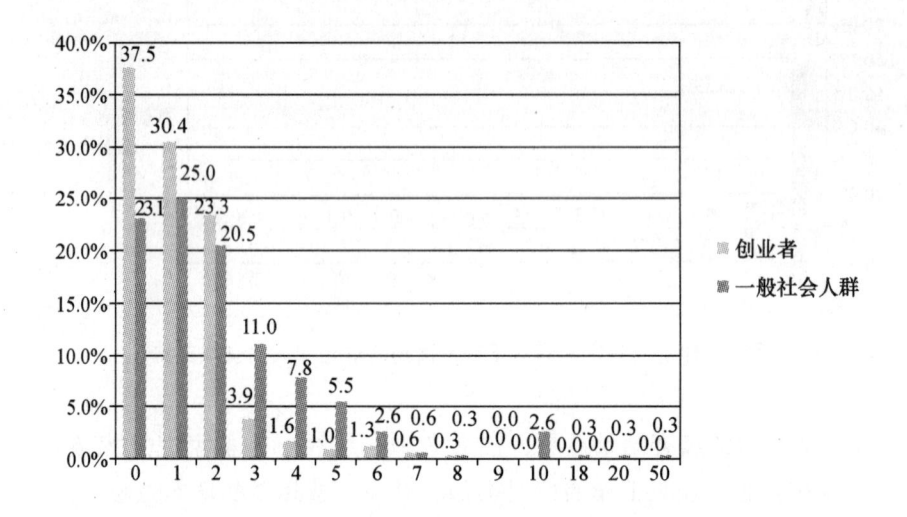

图 3-12 河北省家庭对于创业活动的非全职人力资本支持

上述 3 个题项的加总平均得到家庭情境的总体得分为 2.11,其中北京市的家庭情境得分为 2.13,天津市的家庭情境得分为 1.53,河北省的家庭情境得分为 2.67。

二 社会情境

社会情境方面主要考察创业者和一般社会人群是否属于以下社会团体:1=工商联合会;2=行业协会;3=私营企业主协会;4=个体劳动者协会;5=MBA 或 EMBA 等培训项目校友会;6=非正式的联谊组织(社区、网络、沙龙等);7=宗教、信仰团体;8=妇联;9=其他正式注册的社会团体(学会、专业协会、联合会等);

10＝不属于任何团体。调查结果显示：创业者样本和一般社会人群样本绝大部分都不属于任何社会团体或社会组织，创业者样本和一般社会人群样本不属于任何团体的比例都超过了70%，如图3-13所示。

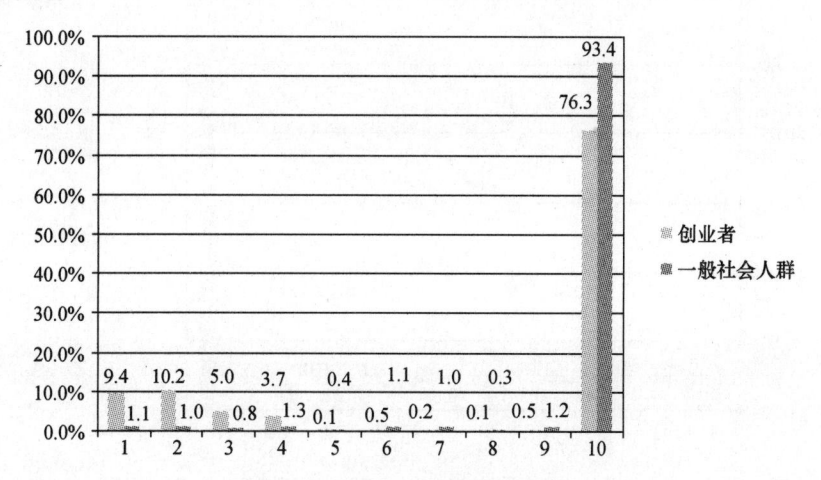

图3-13　总体人群社会网络分布

北京市的调查结果显示，创业者样本和一般社会人群样本绝大部分都不属于任何社会团体或社会组织，创业者样本和一般社会人群样本不属于任何团体的比例均超过了80%，如图3-14所示。

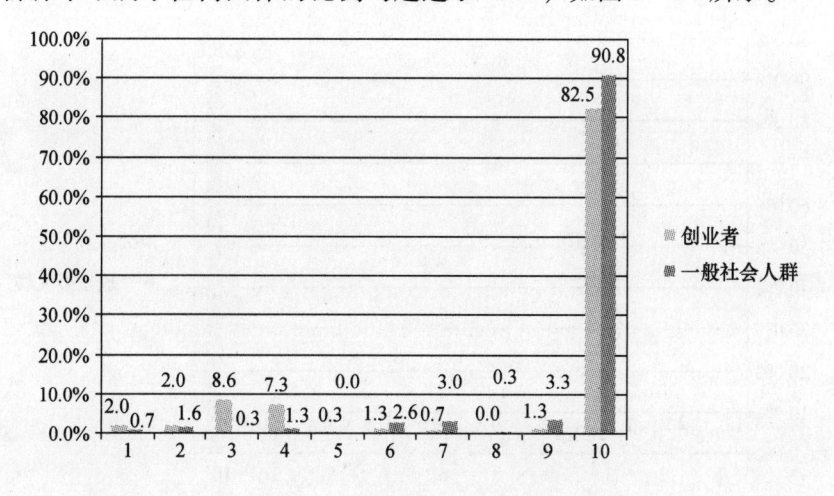

图3-14　北京市社会网络分布

天津市的调查结果显示，创业者样本和一般社会人群样本绝大部分都不属于任何社会团体或社会组织，其中一般社会人群样本中不属于任何团体的比例超过了90%，如图3-15所示。

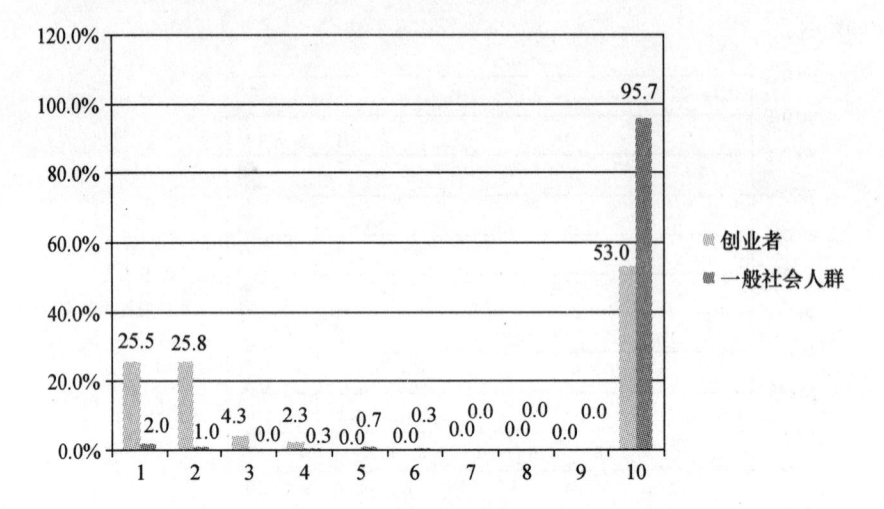

图3-15 天津市社会网络分布

河北省的调查结果显示，创业者样本和一般社会人群样本绝大部分都不属于任何社会团体或社会组织，创业者样本和一般社会人群样本不属于任何团体的比例均超过了90%，如图3-16所示。

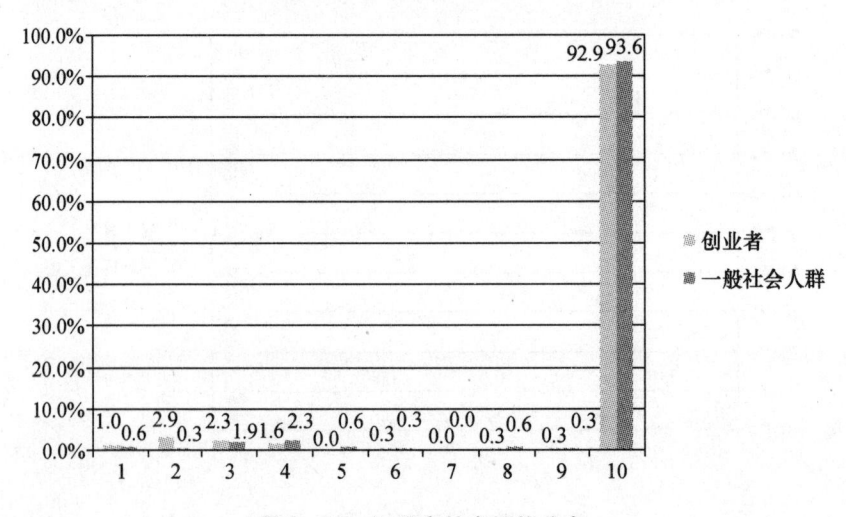

图3-16 河北省社会网络分布

我们进一步对这些社会组织与创业活动的关系进行了调查:如果您属于某些组织,您是否同意如下说法:这些组织能帮助成员实施创业行动(1=非常不赞同;2=有点不赞同;3=不好说;4=有点赞同;5=非常赞同)的调查结果显示:在已有数据样本中,创业者样本和一般社会人群样本都认为社会组织将会为创业活动提供支持。在创业者样本中,选择最多的是有点赞同,其次是不好说;在一般社会人群样本中,选择最多的是有点赞同,其次也是不好说,如图3-17所示。

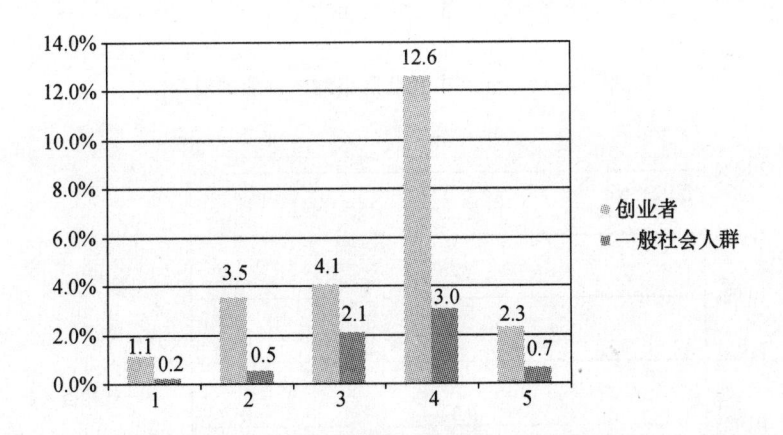

图3-17 总体人群社会网络对于创业的支持

北京市的调查结果显示,大部分数据缺失,在已有数据样本中,创业者样本和一般社会人群样本都认为社会组织将会为创业活动提供支持。在创业者样本中,选择最多的是有点赞同,其次是非常赞同;在一般社会人群样本中,选择最多的是不好说,其次则是有点赞同,如图3-18所示。

天津市的调查结果显示,大部分数据缺失,在已有数据样本中,创业者样本和一般社会人群样本都认为社会组织将会为创业活动提供支持。在创业者样本中,选择最多的是有点赞同,其次是不好说;在一般社会人群样本中,选择最多的是有点赞同,其次是非常赞同,如图3-19所示。

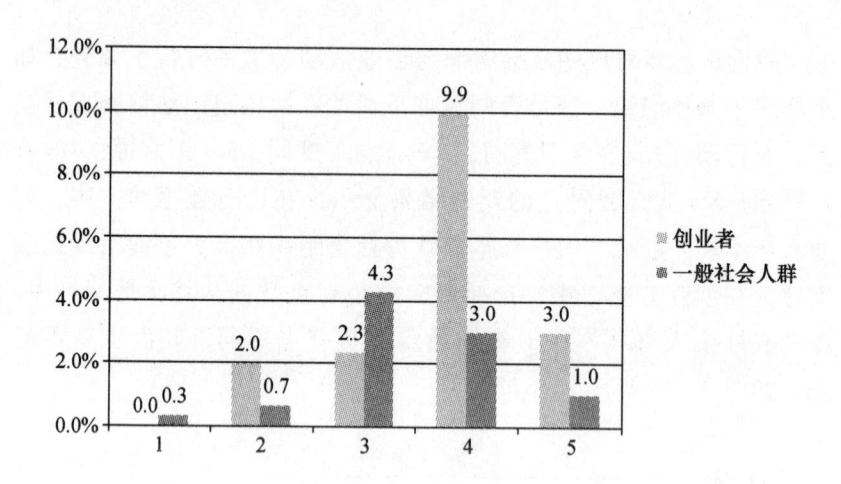

图 3-18 北京市社会网络对于创业的支持

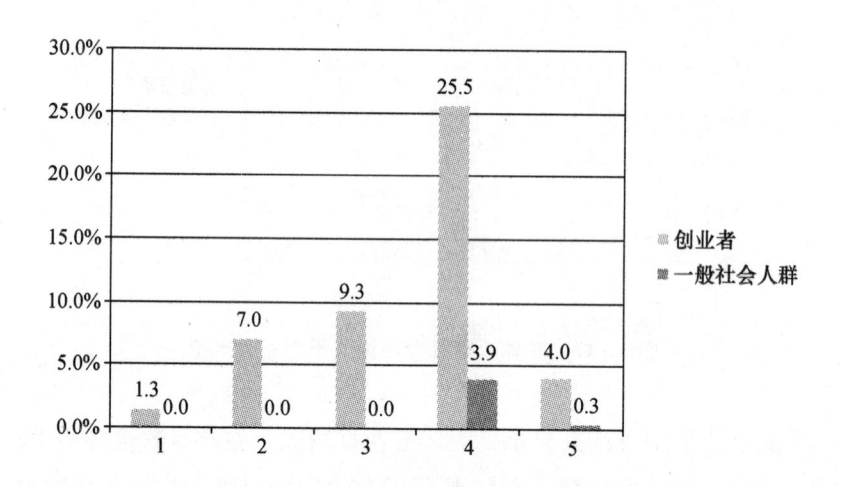

图 3-19 天津市社会网络对于创业的支持

河北省的调查结果显示,大部分数据缺失,在已有数据样本中,创业者样本和一般社会人群样本都认为社会组织将会为创业活动提供支持。在创业者样本中,选择最多的是有点赞同,其次是非常不赞同;在一般社会人群样本中,选择最多的是有点赞同,其次是不好说,如图 3-20 所示。

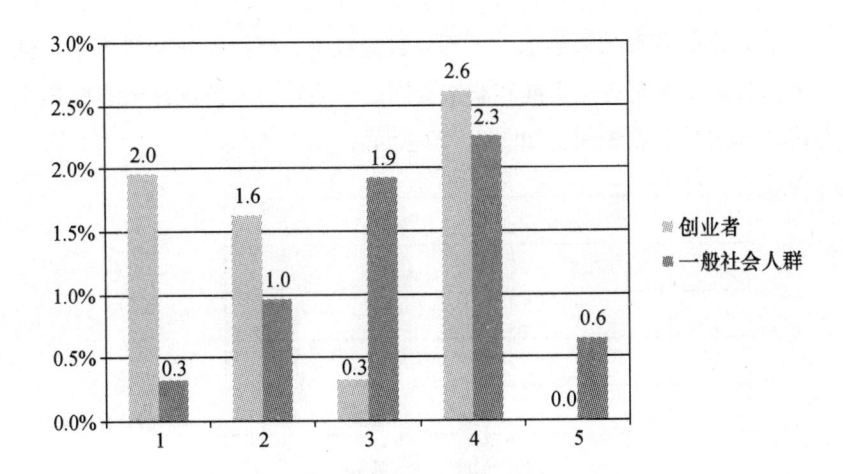

图 3-20 河北省社会网络对于创业的支持

这些组织为准备创业的成员提供探讨新商业创意的平台（1 = 非常不赞同；2 = 有点不赞同；3 = 不好说；4 = 有点赞同；5 = 非常赞同）的调查结果显示：在已有数据样本中，创业者选择最多的是有点赞同，其次是有点不赞同；一般社会人群选择最多的是有点赞同，其次是不好说，如图 3-21 所示。

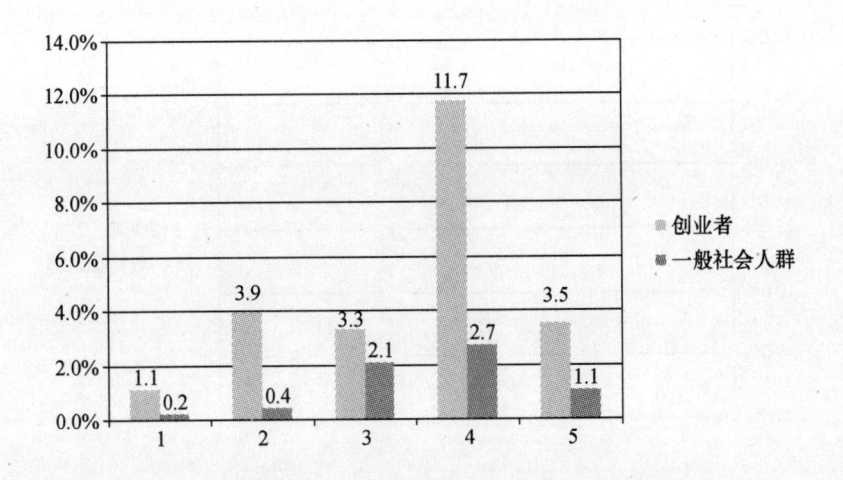

图 3-21 总体人群社会网络对于商业创意开发的支持

北京市的调查结果显示，大部分数据缺失，在已有数据样本中，创业者选择最多的是有点赞同和非常赞同；一般社会人群选择最多的是不好说，其次是有点赞同，如图3-22所示。

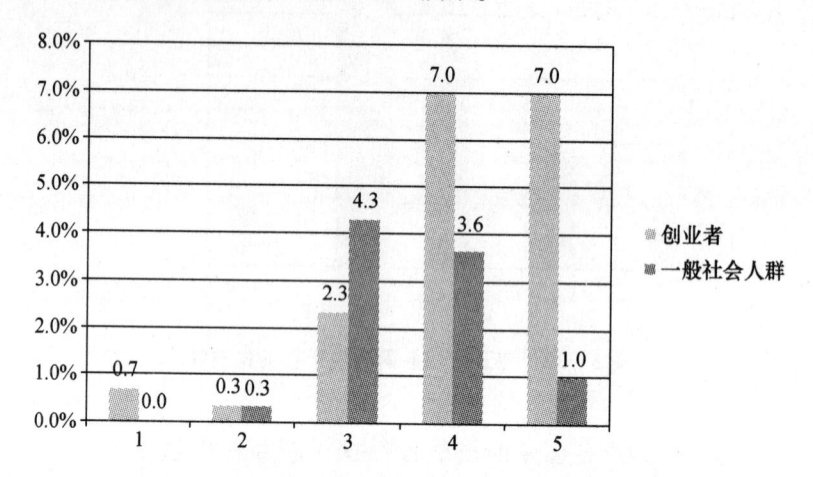

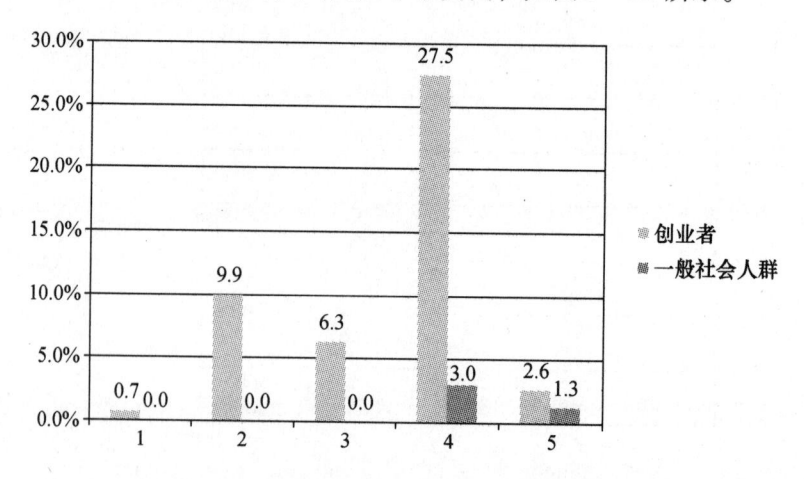

图3-22 北京市社会网络对于商业创意开发的支持

天津市的调查结果显示，大部分数据缺失，在已有数据样本中，创业者选择最多的是有点赞同，其次是有点不赞同；一般社会人群选择最多的是有点赞同，其次是非常赞同，如图3-23所示。

图3-23 天津市社会网络对于商业创意开发的支持

河北省的调查结果显示，大部分数据缺失，在已有数据样本中，创业者选择最多的是非常不赞同，其次是有点不赞同；一般社会人群选择最多的是不好说，其次是有点赞同，如图 3-24 所示。

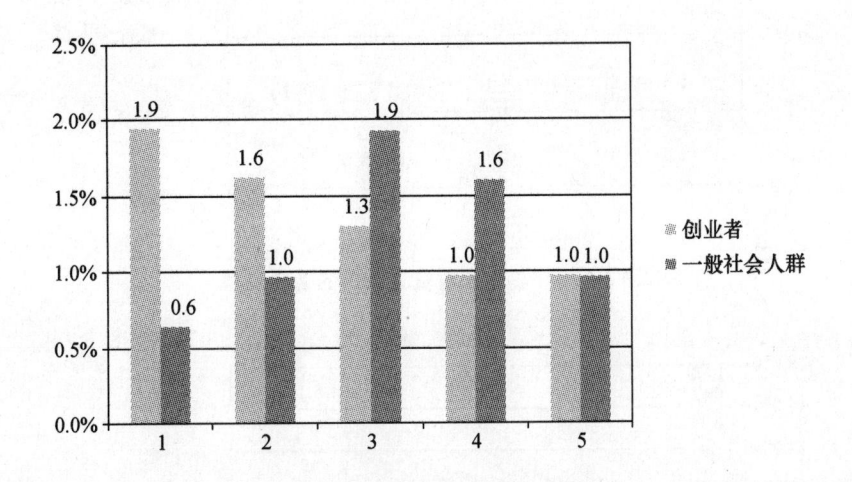

图 3-24　河北省社会网络对于商业创意开发的支持

这些组织能够提供的资源（1 = 信息；2 = 供应商；3 = 雇员；4 = 销售渠道；5 = 客户）的调查结果中显示：针对创业者和一般社会人群的调查较为接近，社会组织所提供的主要资源集中于信息，同时，针对创业者样本，从社会组织中获取销售渠道和客户是最不可能的，而对一般社会人群样本，从社会组织中获得供应商是最不可能的，如图 3-25 所示。

北京市的调查结果显示，针对创业者和一般社会人群的调查较为接近，社会组织所提供的主要资源集中于信息，同时，针对创业者样本，从社会组织中获取销售渠道是最不可能的，而对一般社会人群样本，从社会组织中获得供应商是最不可能的，如图 3-26 所示。

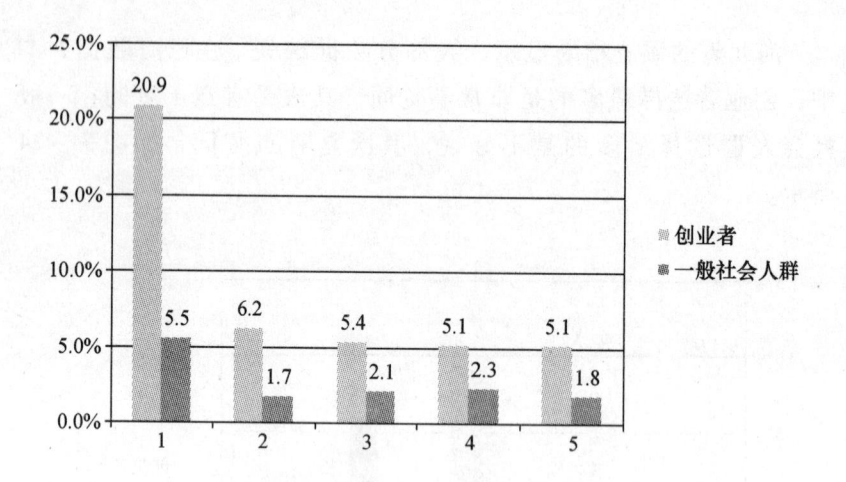

图 3-25 总体人群社会网络的各项资源

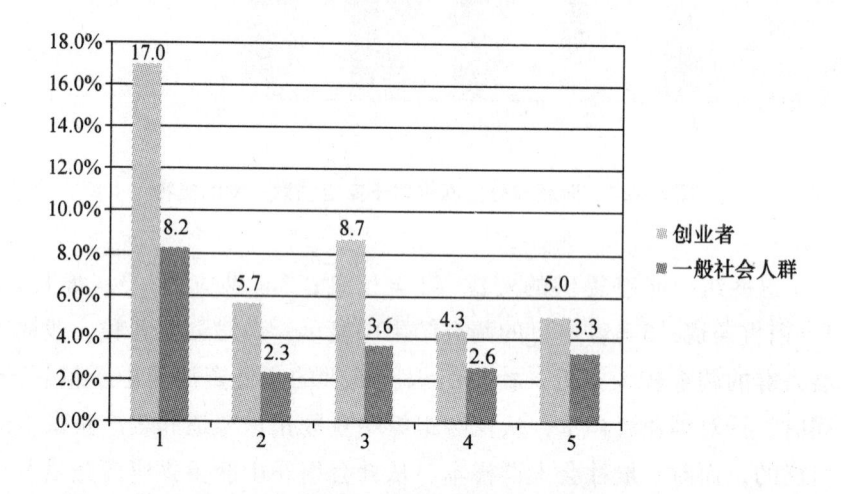

图 3-26 北京市社会网络的各项资源

天津市的调查结果显示，针对创业者和一般社会人群的调查较为接近，社会组织所提供的主要资源集中于信息，同时，针对创业者样本，从社会组织中获取雇员是最不可能的，而对一般社会人群样本，从社会组织中获得雇员和客户是最不可能的，如图 3-27 所示。

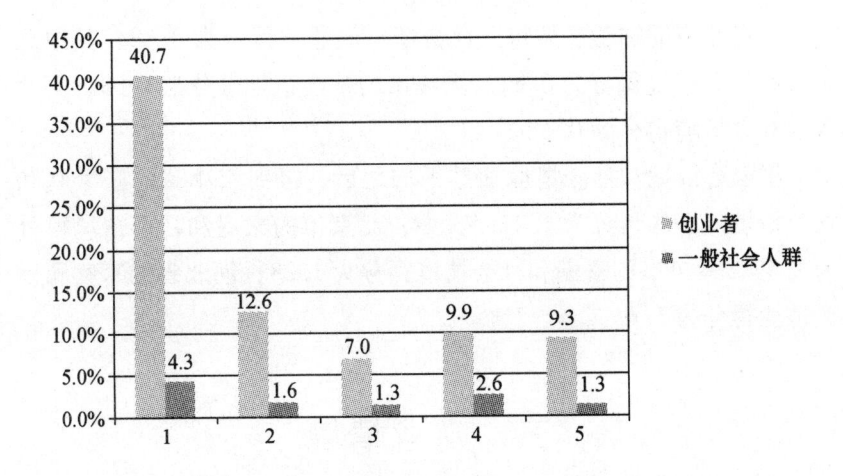

图 3-27　天津市社会网络的各项资源

河北省的调查结果显示，针对创业者和一般社会人群的调查较为接近，社会组织所提供的主要资源集中于信息，同时，针对创业者样本，从社会组织中获取供应商和雇员是最不可能的，而对一般社会人群样本，从社会组织中获得客户是最不可能的，如图 3-28 所示。

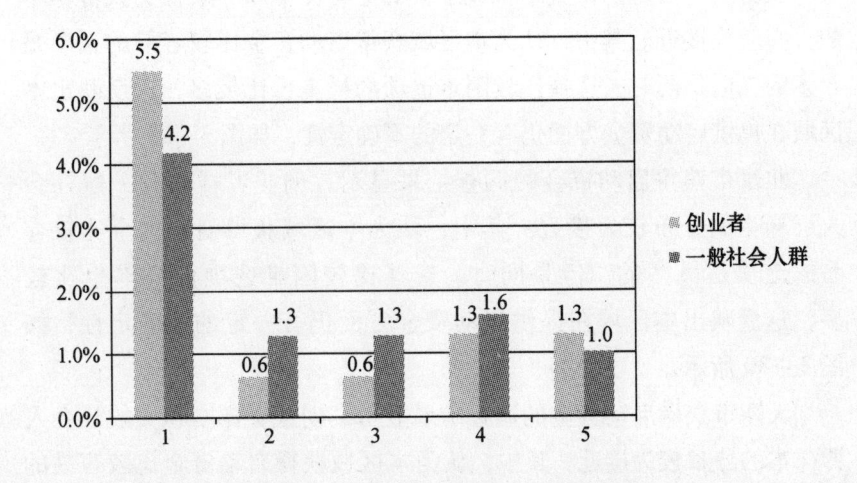

图 3-28　河北省社会网络的各项资源

上述题项的加总平均得到社会情境的总体得分为 0.82，其中北京市的社会情境得分为 0.81，天津市的社会情境得分为 1.03，河北省的社会情境得分为 0.62。

将家庭情境和社会情境加总平均之后，得到京津冀地区家庭和社会情境的平均得分为 1.47。其中，北京市的家庭和社会情境得分为 1.47，天津市的家庭和社会情境得分为 1.28，河北省的家庭和社会情境得分为 1.65。

三 商业情境

在商业情境方面，我们将询问创业者及社会人群他们对于商业领域的经营不确定性的态度。主要问题如下：您觉得目前在您创业/生活或工作的区域，新创企业能否达到下列目标（1＝非常困难；2＝比较困难；3＝不好说；4＝比较容易；5＝非常容易）。该情境分为三个维度：

1. 财务不确定性

获得启动资金的调查结果显示：创业者样本和一般社会人群样本的分布较为接近。其中，认为本区域获得启动资金比较容易的选项是最多的，但是同时，选择比较困难选项的样本也比较多，这反映出本区域在提供启动资金方面仍有一定的不确定性，如图 3－29 所示。

北京市获得启动资金的调查结果显示，创业者样本和一般社会人群样本的分布较为接近。其中，认为本区域获得启动资金比较容易的选项是最多的，但是同时，选择比较困难选项的样本也比较多，这反映出本区域在提供启动资金方面仍有一定的不确定性，如图 3－30 所示。

天津市获得启动资金的调查结果显示，创业者样本和一般社会人群样本的分布较为接近。其中，认为本区域获得启动资金比较容易的选项是最多的，但是同时，选择比较困难选项的样本也比较多，这反映出本区域在提供启动资金方面仍有一定的不确定性，如图 3－31 所示。

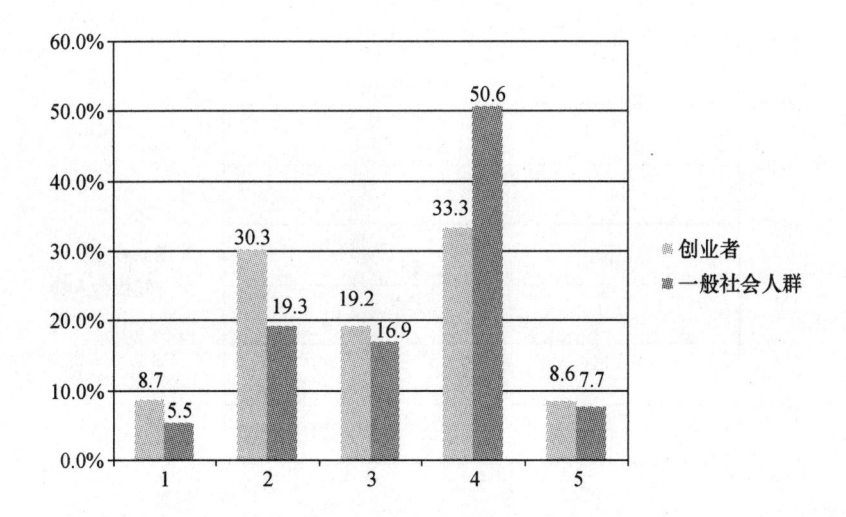

图 3-29　总体人群获得启动资金的不确定性

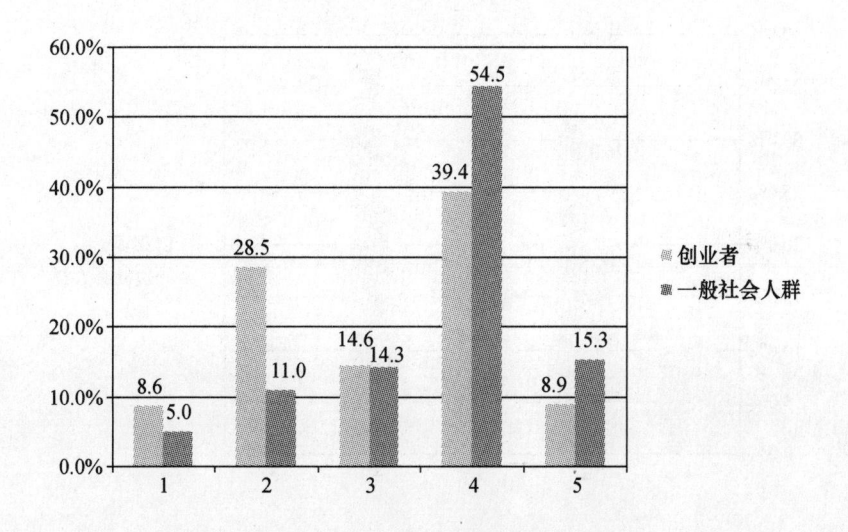

图 3-30　北京市获得启动资金的不确定性

河北省获得启动资金的调查结果显示，创业者样本和一般社会人群样本的分布较为接近。其中，认为本区域获得启动资金比较容易的选项是最多的，但是同时，选择比较困难选项的样本也比较多，这反映出本区域在提供启动资金方面仍有一定的不确定性，如图 3-32 所示。

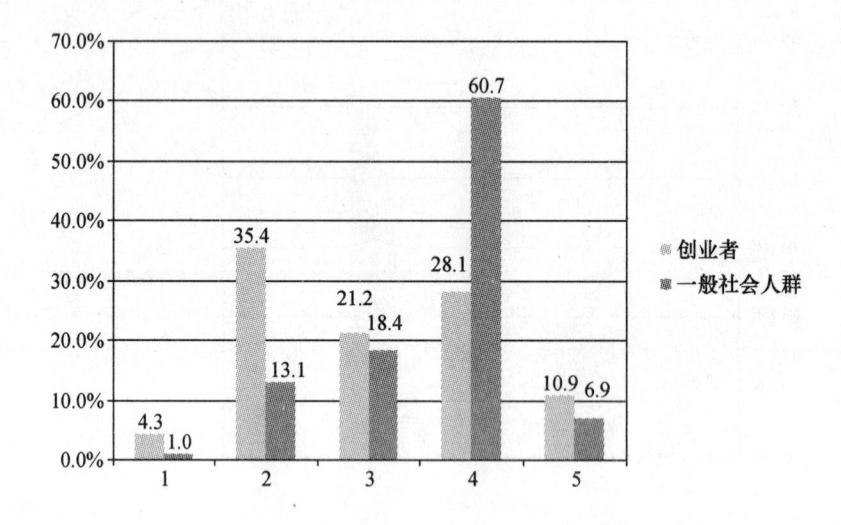

图 3-31　天津市获得启动资金的不确定性

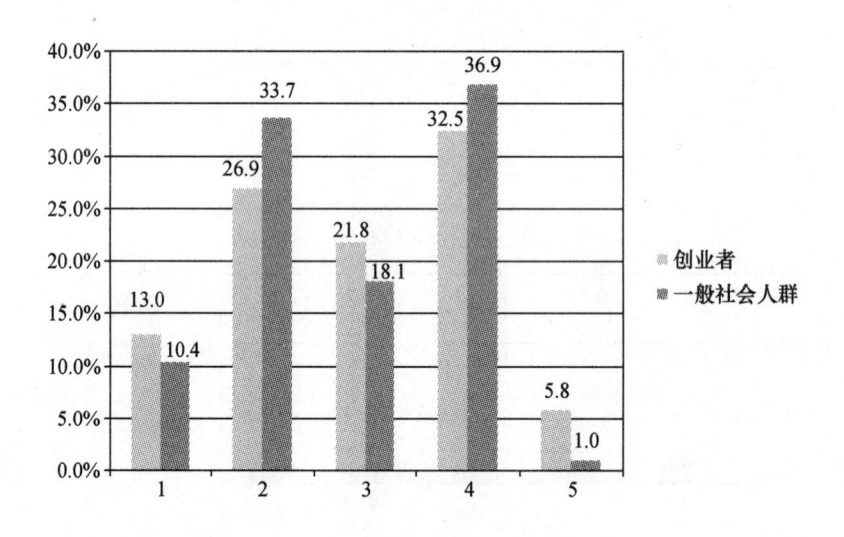

图 3-32　河北省获得启动资金的不确定性

获得运营资金的调查结果显示：创业者样本和一般社会人群样本的分布较为接近。其中，认为本区域获得运营资金比较容易的选项是最多的，选择比较困难和不好说选项的样本也比较多，如图3-33所示。

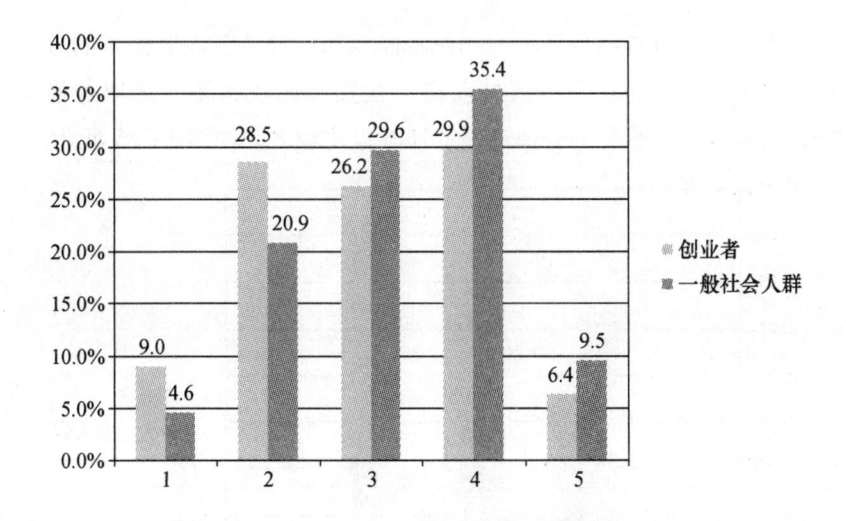

图 3-33 总体人群获得运营资金的不确定性

北京市的调查结果显示，创业者样本和一般社会人群样本的分布较为接近。其中，认为本区域获得运营资金比较容易的选项是最多的，选择比较困难和不好说选项的样本也比较多，如图3-34所示。

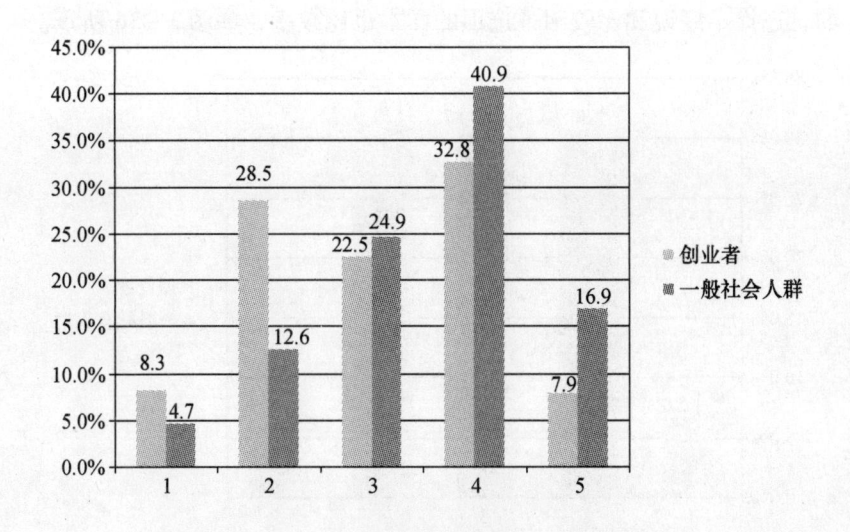

图 3-34 北京市获得运营资金的不确定性

天津市的调查结果显示，创业者样本和一般社会人群样本的分布较为接近。其中，认为本区域获得运营资金比较容易的选项是最多的，选择比较困难和不好说选项的样本也比较多，如图3-35所示。

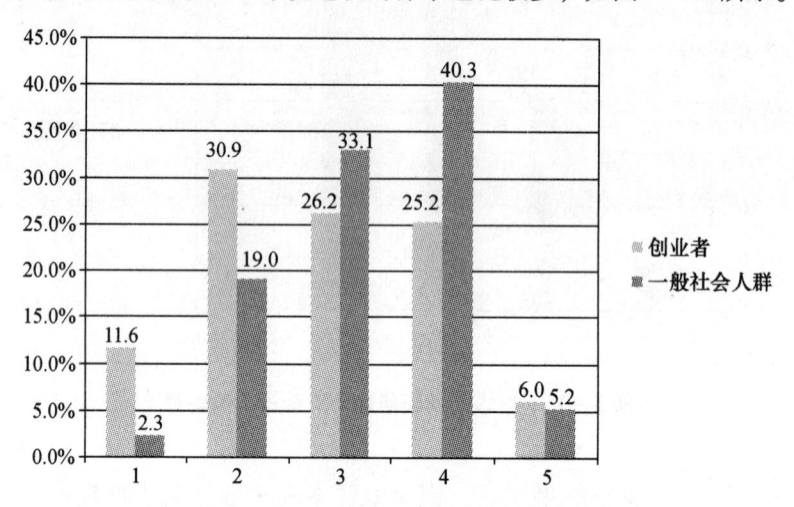

图3-35 天津市获得运营资金的不确定性

河北省的调查结果显示，创业者样本和一般社会人群样本的分布较为接近。其中，认为本区域获得运营资金比较容易的选项是最多的，选择不好说和比较困难选项的样本也比较多，如图3-36所示。

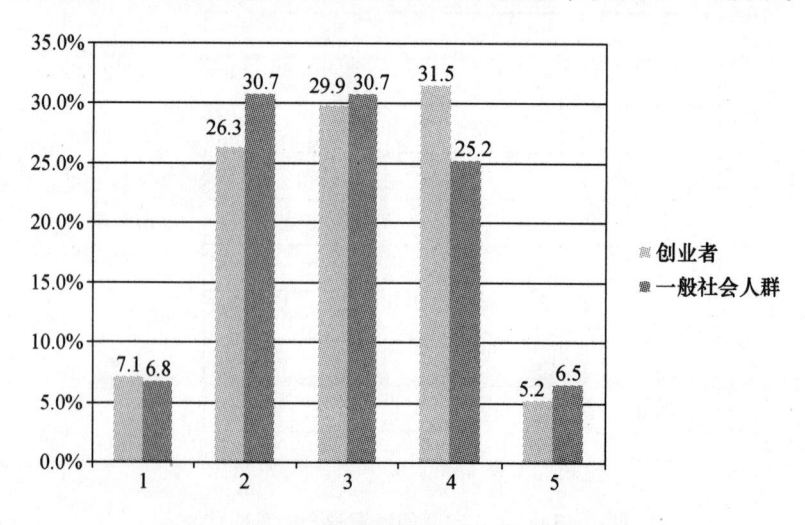

图3-36 河北省获得运营资金的不确定性

获得银行贷款的调查结果显示：创业者样本和一般社会人群样本的分布中，选择非常困难、比较困难、不好说、比较容易的样本总数差不多，如图3-37所示。

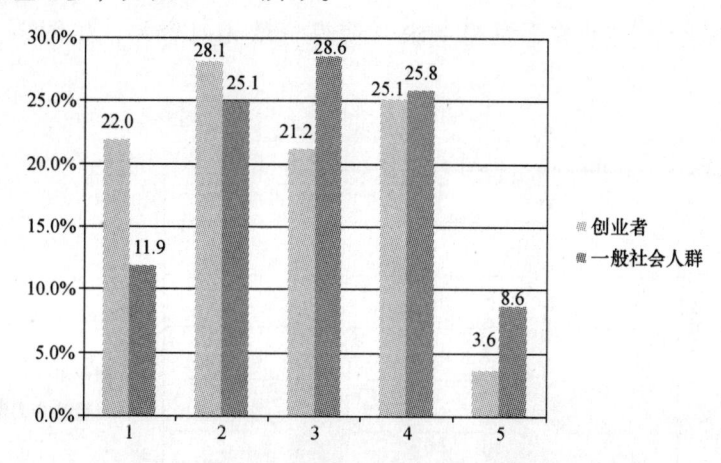

图3-37 总体人群获得银行贷款的不确定性

北京市的调查结果显示，虽然创业者样本和一般社会人群样本的分布中，最高比例的选项都是比较容易，但是选择非常困难、比较困难、不好说的样本总数也非常高，这说明从创业者和一般社会人群的视角来看，本区域在获得银行贷款方面仍有很多困难，如图3-38所示。

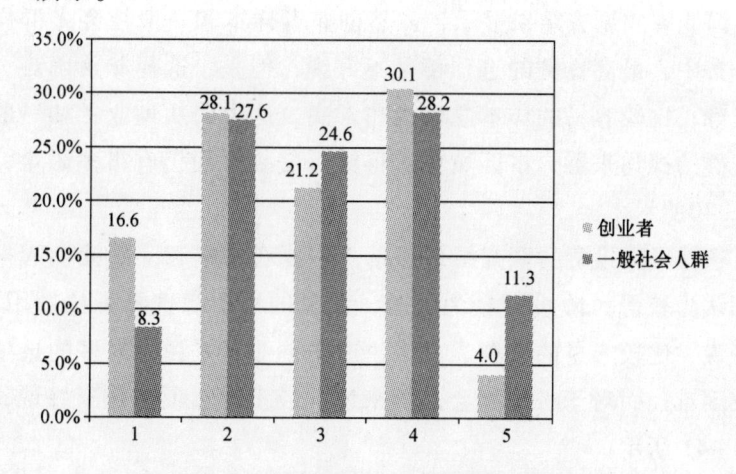

图3-38 北京市获得银行贷款的不确定性

天津市的调查结果显示，在创业者样本中，选择比较困难和非常困难的最多；而在一般社会人群样本中，选择不好说和比较容易的最多。这说明在创业者看来，从银行获得贷款有很多困难；而在一般社会人群看来，觉得从银行获得贷款相对容易，如图3-39所示。

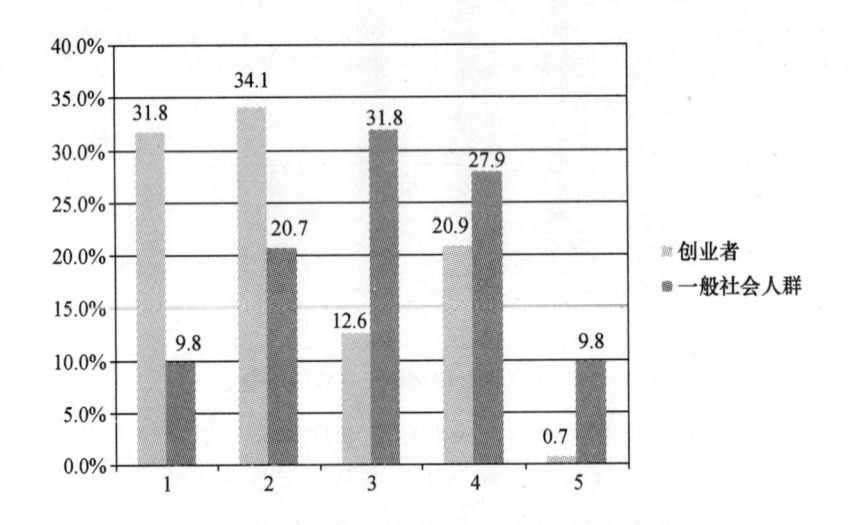

图3-39 天津市获得银行贷款的不确定性

河北省的调查结果显示，虽然创业者样本和一般社会人群样本的分布中，最高比例的选项都是不好说，但是，选择非常困难、比较困难、比较容易的样本总数也非常高，这说明从创业者和一般社会人群的视角来看，本区域在获得银行贷款方面仍有很多困难，如图3-40所示。

获得风险投资的调查结果显示：创业者样本和一般社会人群样本都认为获得风险投资较为困难，大量的样本都选择了比较困难、不好说、比较容易的选项。其中，对于创业者来说，最多的选项是比较困难；而对于一般社会人群来说，最多的选项则是不好说，如图3-41所示。

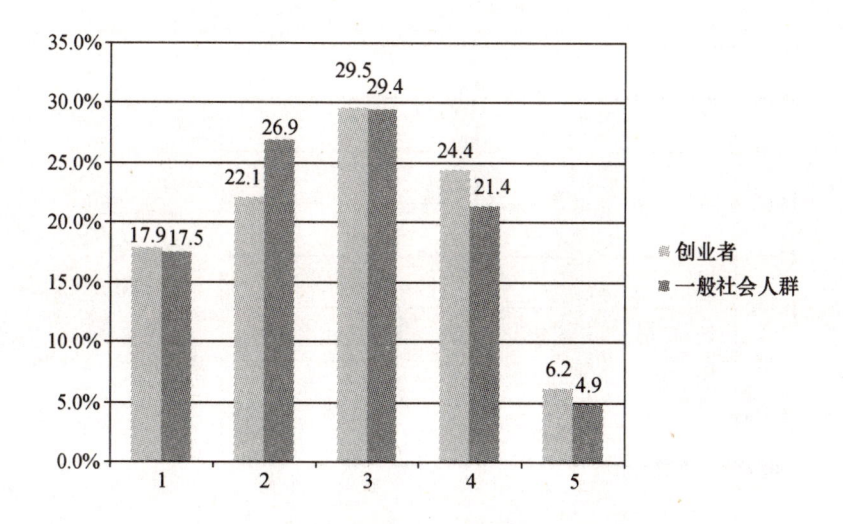

图 3-40　河北省获得银行贷款的不确定性

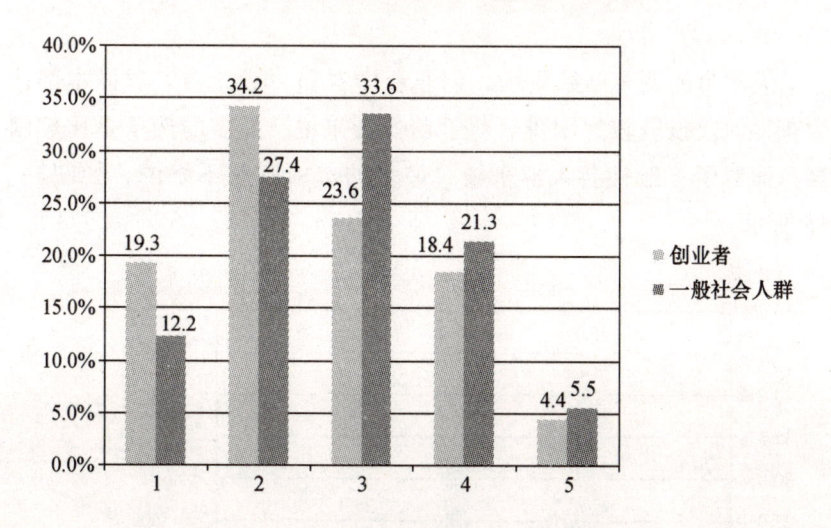

图 3-41　总体人群获得风险投资的不确定性

北京市的调查结果显示，创业者样本和一般社会人群样本都认为获得风险投资较为困难，大量的样本都选择了比较困难、不好说、比较容易的选项。其中，对于创业者来说，最多的选项是比较困难；而对于一般社会人群来说，最多的选项则是不好说，如图 3-42 所示。

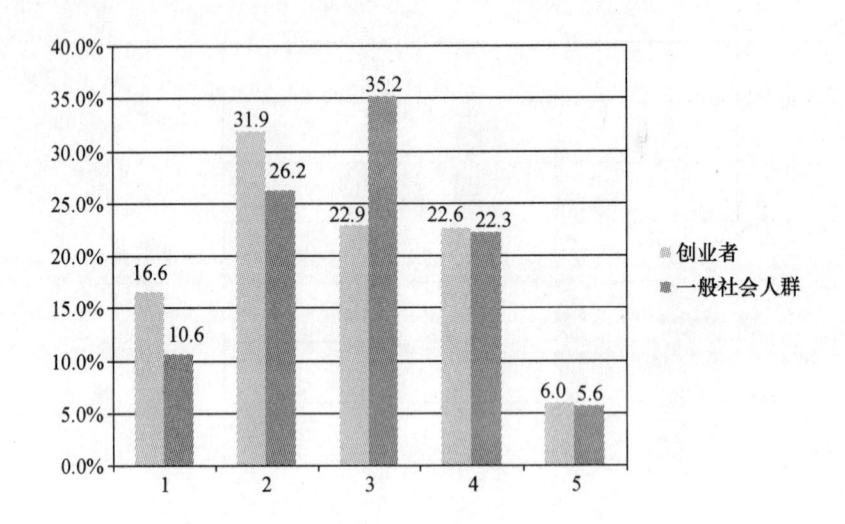

图 3-42　北京市获得风险投资的不确定性

天津市的调查结果显示,创业者样本和一般社会人群样本都认为获得风险投资较为困难。对于创业者来说,最多的选项是比较困难;而对于一般社会人群来说,最多的选项则是不好说,如图3-43所示。

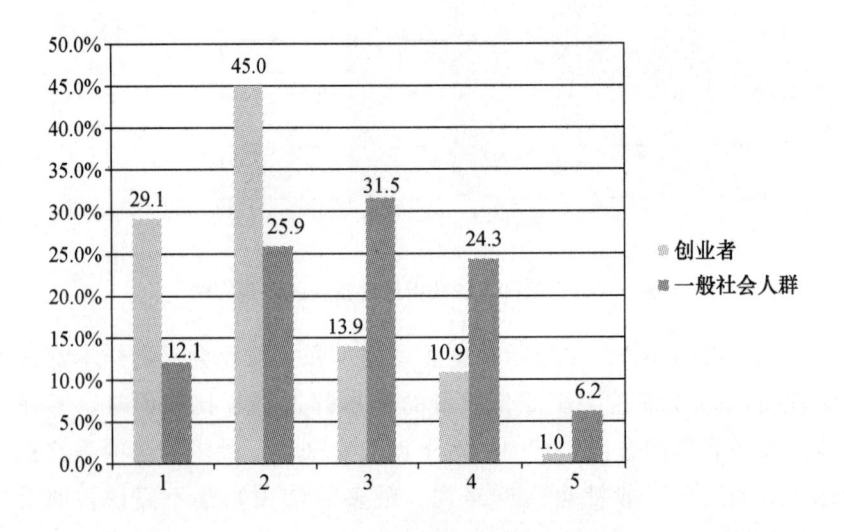

图 3-43　天津市获得风险投资的不确定性

河北省的调查结果显示，创业者样本和一般社会人群样本都认为获得风险投资较为困难，大量的样本都选择了比较困难、不好说、比较容易的选项。其中，对于创业者和一般社会人群来说，最多的选项都是不好说，如图3-44所示。

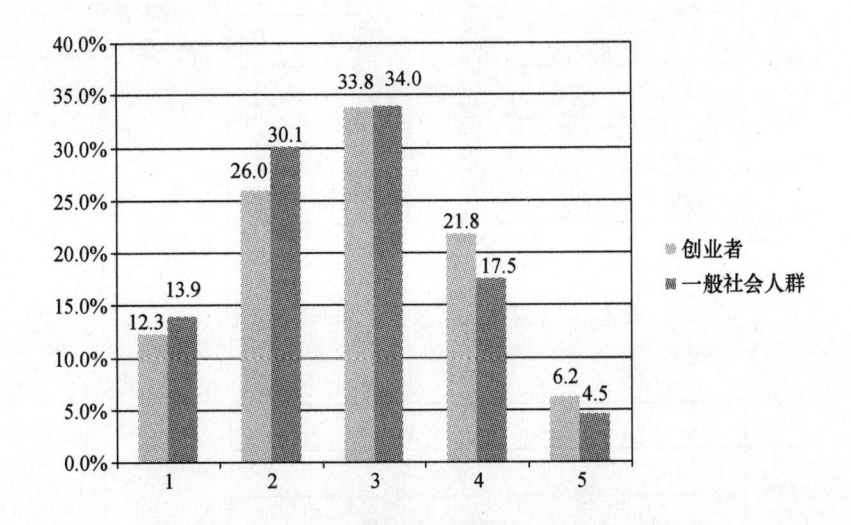

图3-44 河北省获得风险投资的不确定性

各题项得分结果加总平均得到了财务不确定性的得分为2.92。其中北京市财务不确定性的得分为3.07，天津市财务不确定性的得分为2.88，河北省财务不确定性的得分为2.83。

2. 竞争不确定性

获得客户的调查结果显示：对于获得客户来说，大量的样本都选择了比较困难、不好说、比较容易的选项。其中，对于创业者来说，最多的选项是比较容易；而对于一般社会人群来说，最多的选项则是不好说，如图3-45所示。

北京市的调查结果显示，从获得客户的容易程度来看，对于创业者和一般社会人群来说，最多的选项都是比较容易，如图3-46所示。

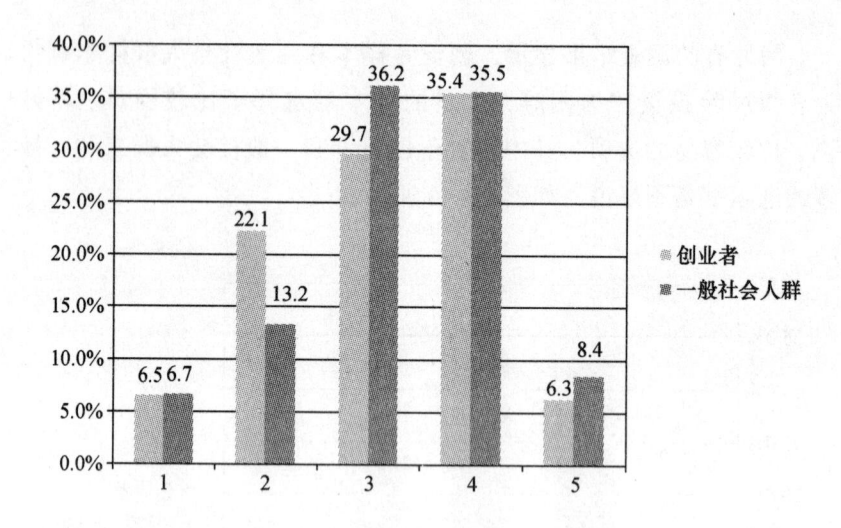

图 3-45　总体人群获得客户的不确定性

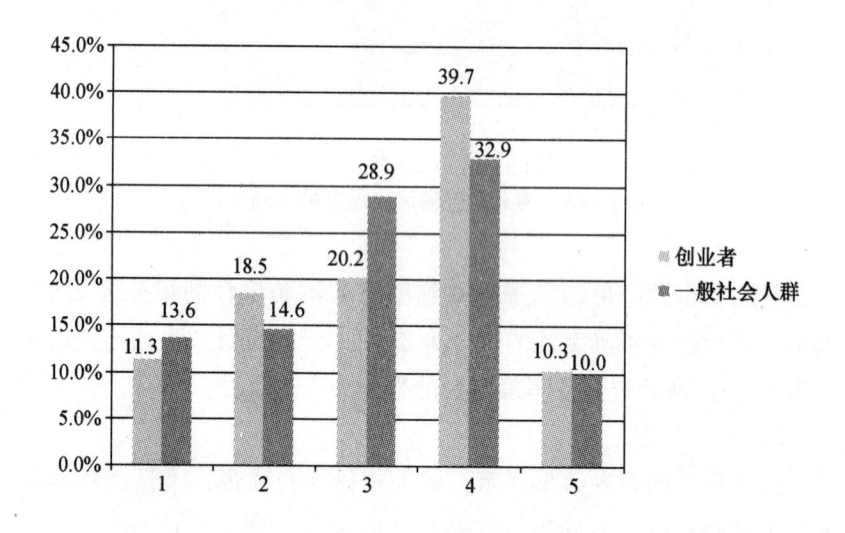

图 3-46　北京市获得客户的不确定性

天津市的调查结果显示，对于获得客户来说，大量的样本都选择了比较困难、不好说、比较容易的选项。其中，对于创业者来说，最多的选项是比较困难；而对于一般社会人群来说，最多的选项则是不好说，如图3-47所示。

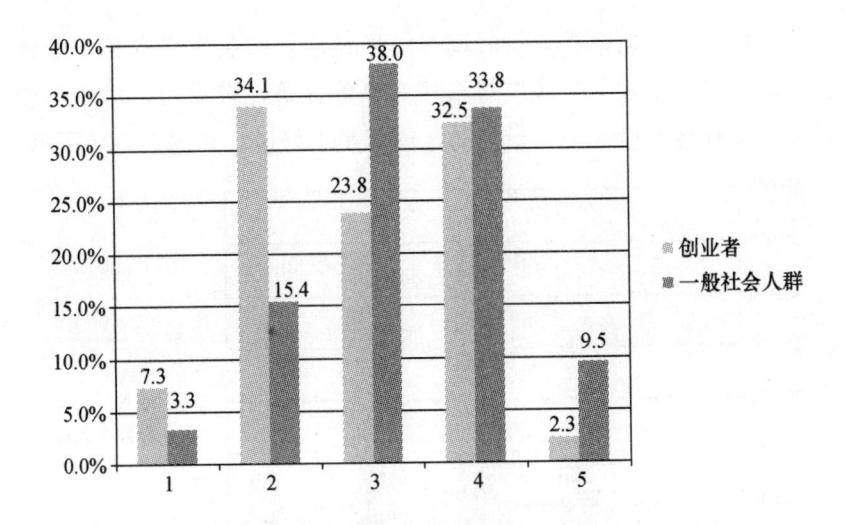

图 3-47 天津市获得客户的不确定性

河北省的调查结果显示，对于获得客户来说，大量的样本都选择了比较困难、不好说、比较容易的选项。其中，对于创业者来说，最多的选项是比较困难；而对于一般社会人群来说，最多的选项则是不好说，如图3-48所示。

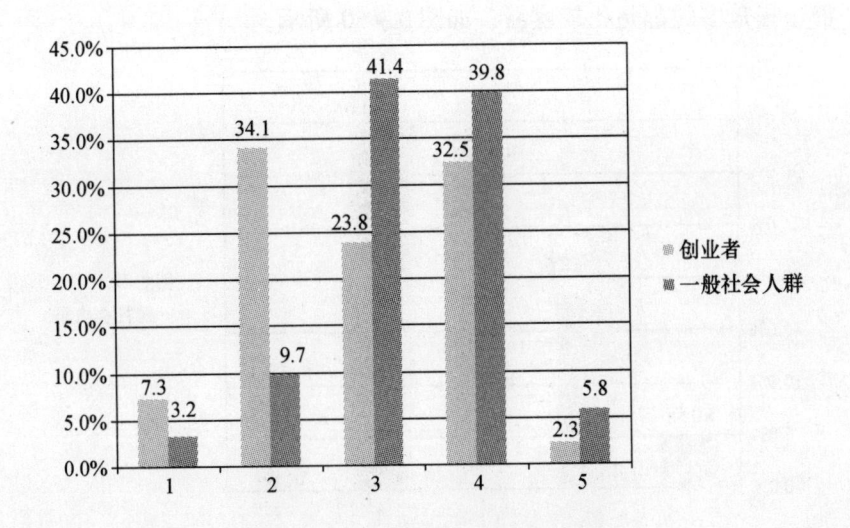

图 3-48 河北省获得客户的不确定性

有效应对其他企业竞争的调查结果显示：创业者样本和一般社会人群样本对于在本区域应对市场竞争的评价比较类似，对于创业者和一般社会人群来说，最多的选项都是不好说，如图3-49所示。

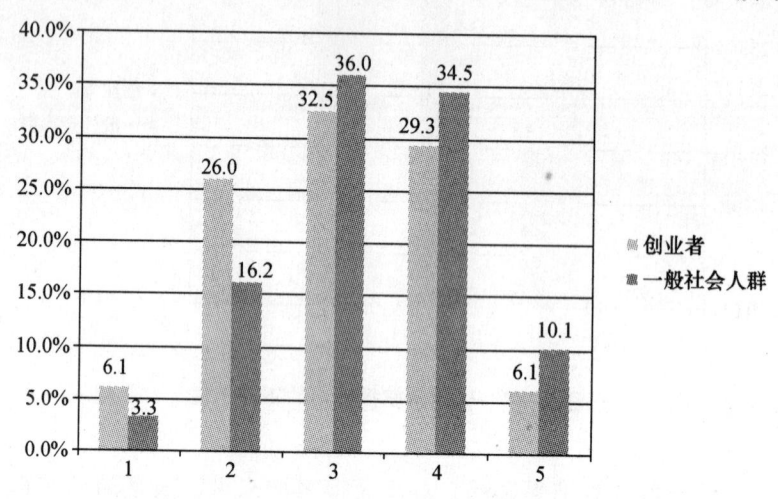

图3-49 总体人群应对竞争的不确定性

北京市的调查结果显示，创业者样本和一般社会人群样本对于在本区域应对市场竞争的评价是比较类似的，创业者和一般社会人群选择最多的都是比较容易，如图3-50所示。

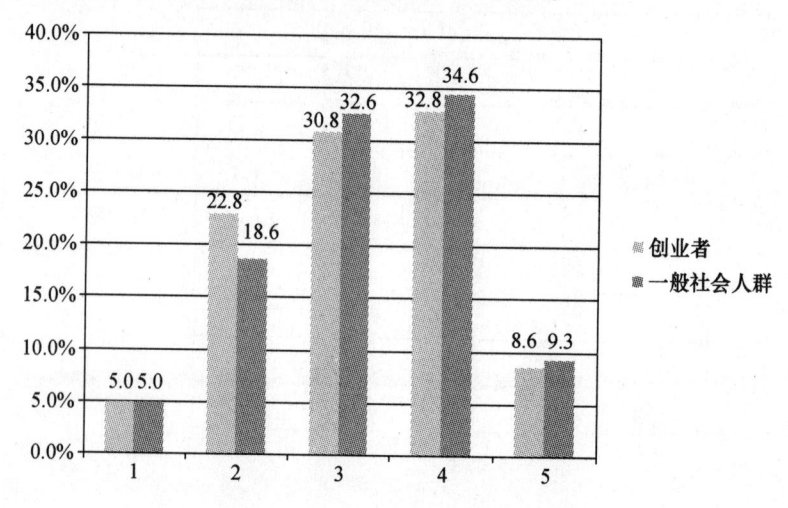

图3-50 北京市应对竞争的不确定性

天津市的调查结果显示，创业者样本和一般社会人群样本对于在本区域应对市场竞争的评价是不同的，创业者选择最多的选项是比较困难，而一般社会人群选择最多的选项是比较容易，如图3-51所示。

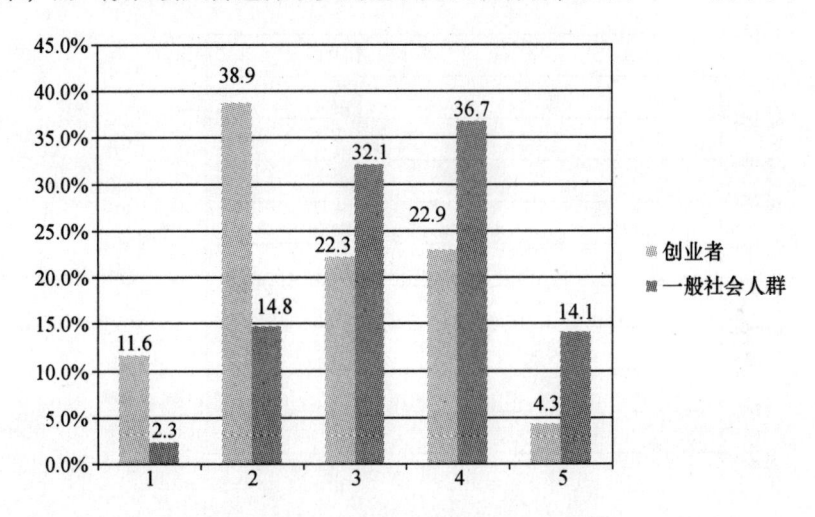

图 3-51 天津市应对竞争的不确定性

河北省的调查结果显示，创业者样本和一般社会人群样本对于在本区域应对市场竞争的评价比较类似，创业者和一般社会人群选择最多的选项都是不好说，如图3-52所示。

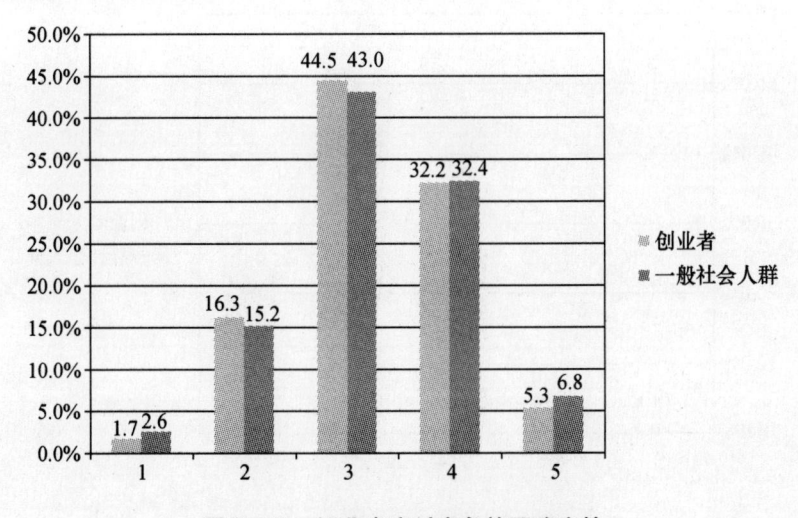

图 3-52 河北省应对竞争的不确定性

遵循本地政策法规的要求的调查结果显示：创业者样本和一般社会人群样本对于遵循本地区政策法规持正面评价，这两个样本中选择最多的都是比较容易，其次是不好说，如图3-53所示。

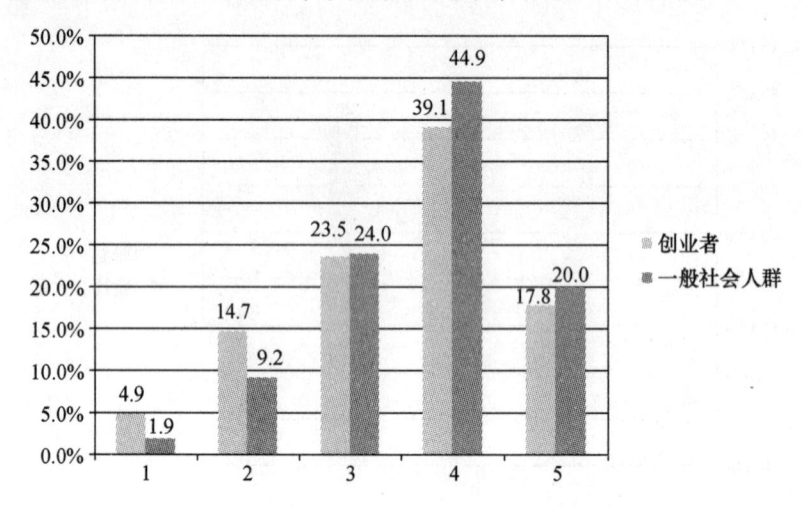

图3-53 总体人群应对政策法规的不确定性

北京市的调查结果显示，创业者样本和一般社会人群样本对于遵循本地区政策法规持正面评价，这两个样本中选择最多的都是比较容易，其次是非常容易，如图3-54所示。

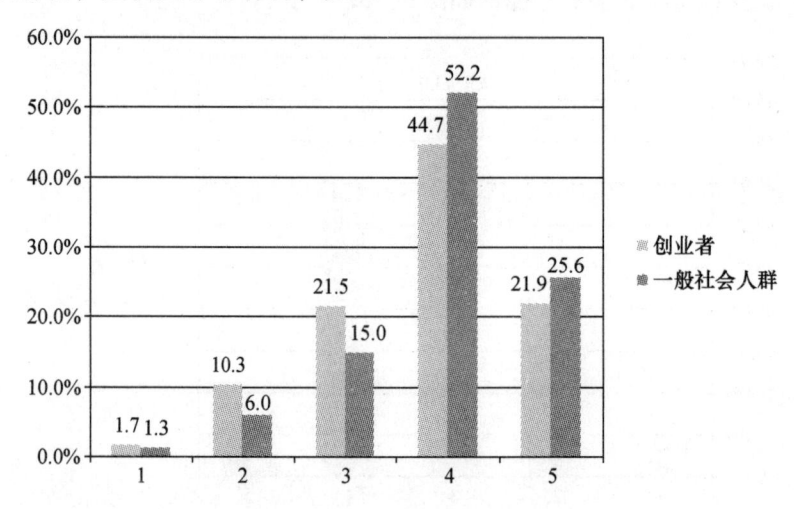

图3-54 北京市应对政策法规的不确定性

天津市的调查结果显示，创业者样本和一般社会人群样本对于遵循本地区政策法规持正面评价，这两个样本中选择最多的都是比较容易，而对于创业者来说，其次是比较困难，如图3-55所示。

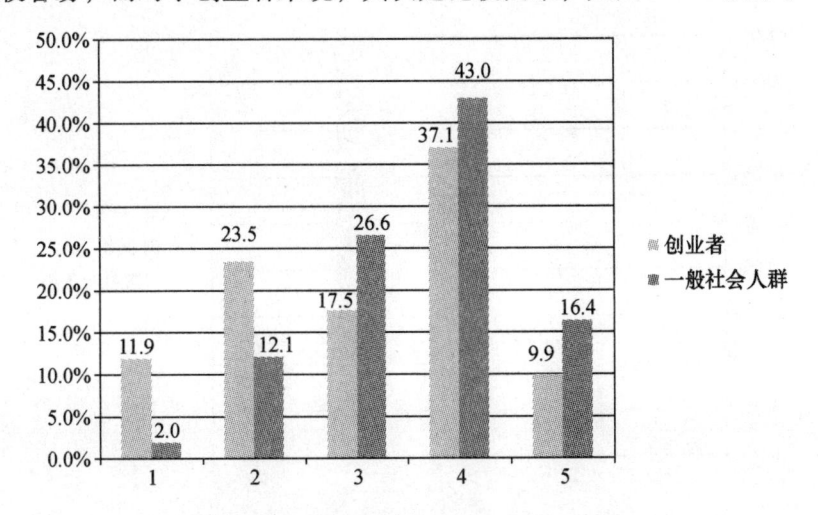

图3-55 天津市应对政策法规的不确定性

河北省的调查结果显示，创业者样本和一般社会人群样本对于遵循本地区政策法规持正面评价，这两个样本中选择最多的都是比较容易，其次是不好说，如图3-56所示。

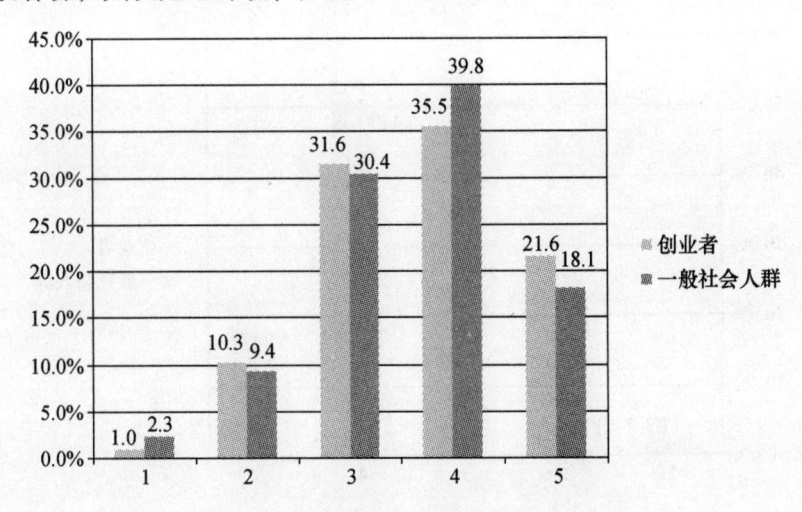

图3-56 河北省应对政策法规的不确定性

紧跟技术发展前沿的调查结果显示：创业者样本和一般社会人群样本对于紧跟技术发展前沿持正面态度，选择最多的仍是比较容易，其次是不好说，如图3-57所示。

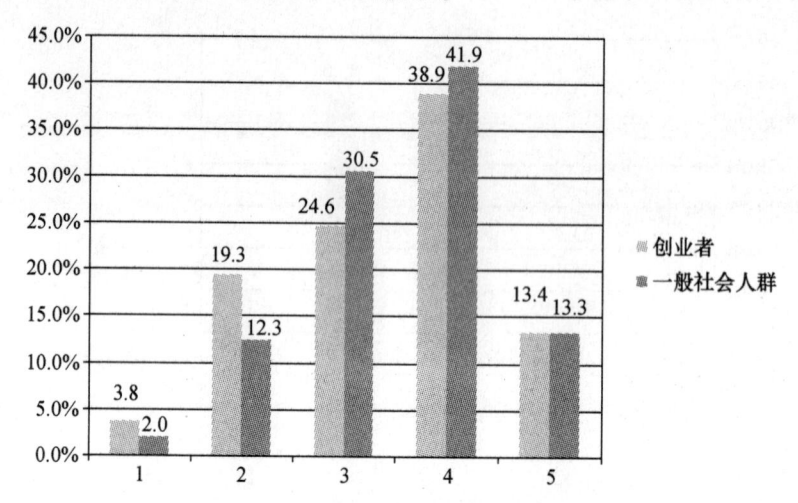

图3-57 总体人群紧跟技术发展前沿

北京市的调查结果显示，创业者样本和一般社会人群样本对于紧跟技术发展前沿持正面态度，选择最多的仍是比较容易，其次是不好说，如图3-58所示。

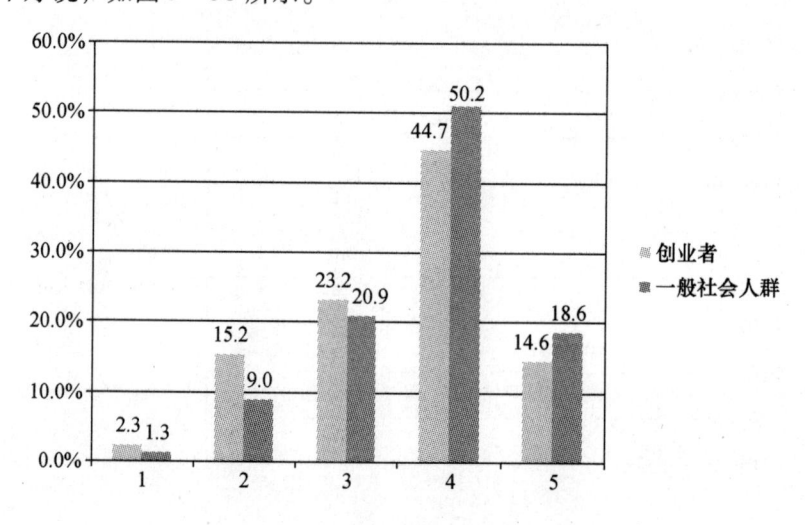

图3-58 北京市紧跟技术发展前沿

天津市的调查结果显示，创业者样本和一般社会人群样本对于紧跟技术发展前沿持正面态度，选择最多的仍是比较容易。其次分别是比较困难和不好说，如图3-59所示。

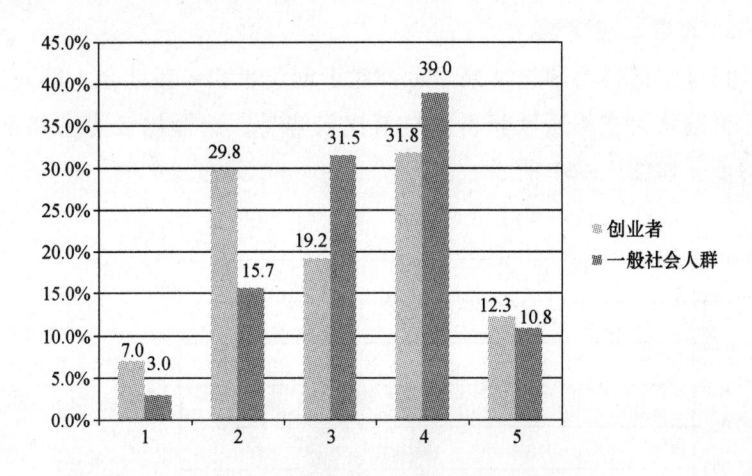

图3-59 天津市紧跟技术发展前沿

河北省的调查结果显示，创业者样本和一般社会人群样本对于紧跟技术发展前沿持正面态度。创业者样本选择最多的仍是比较容易，其次是不好说；而一般社会人群选择最多的是不好说，其次是比较容易，如图3-60所示。

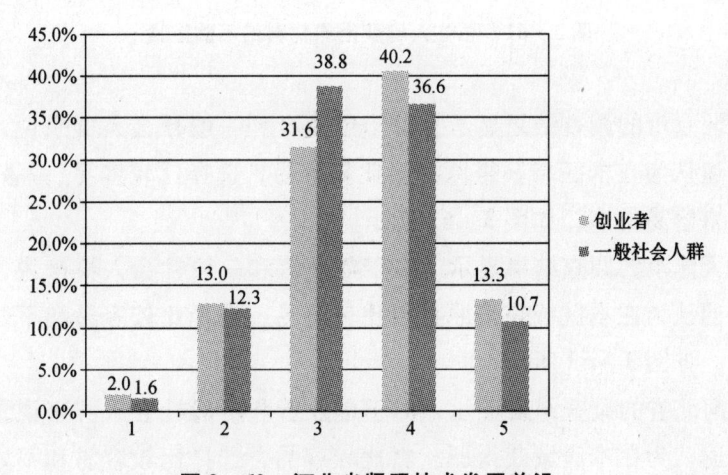

图3-60 河北省紧跟技术发展前沿

各题项得分结果加总平均得到了竞争不确定性的得分为 3.34。其中北京市竞争不确定性的得分为 3.44,天津市竞争不确定性的得分为 3.19,河北省竞争不确定性的得分为 3.40。

3. 运营不确定性

获得原材料的调查结果显示:对于创业者和一般社会人群来说,他们普遍认为在本区域获得原材料比较容易,选择比较容易和不好说的多,如图 3-61 所示。

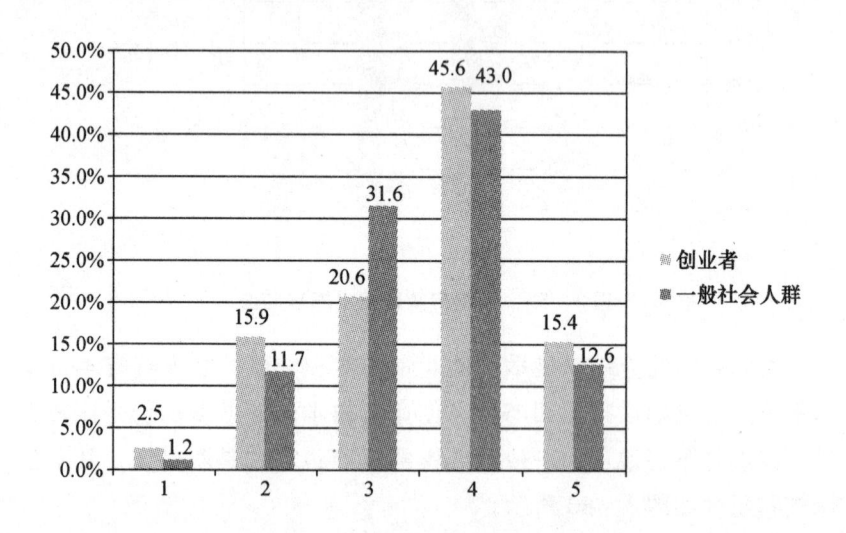

图 3-61　总体人群获得原材料的不确定性

北京市的调查结果显示,对于创业者和一般社会人群来说,他们普遍认为在本区域获得原材料比较容易,选择比较容易、不好说和非常容易的多,如图 3-62 所示。

天津市的调查结果显示,对于创业者和一般社会人群来说,他们普遍认为在本区域获得原材料比较容易,选择比较容易和不好说的多,如图 3-63 所示。

河北省的调查结果显示,对于创业者和一般社会人群来说,他们普遍认为在本区域获得原材料比较容易,选择比较容易和不好说的多,如图 3-64 所示。

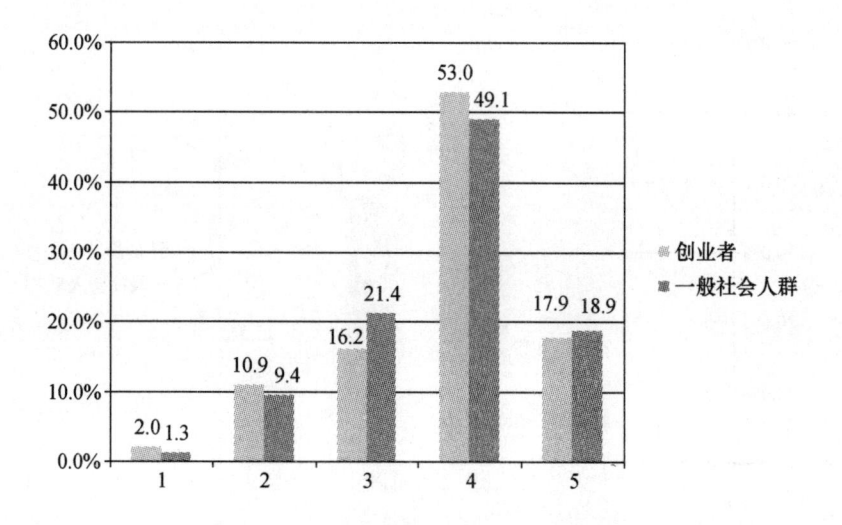

图 3-62 北京市获得原材料的不确定性

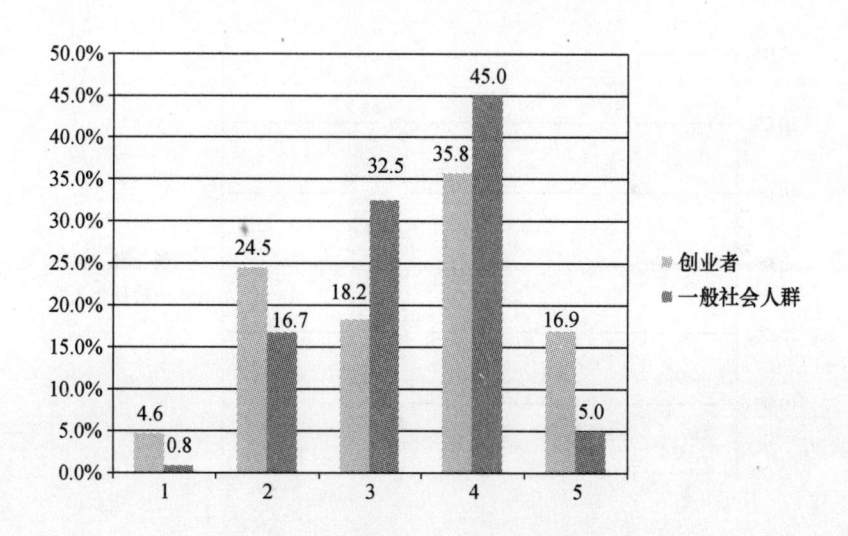

图 3-63 天津市获得原材料的不确定性

获得雇员的调查结果显示：创业者样本和一般社会人群样本对于在本区域获得雇员的认知相似，对于创业者和一般社会人群来说，他们普遍认为在本区域获得雇员比较容易，选择比较容易和不好说的多，如图 3-65 所示。

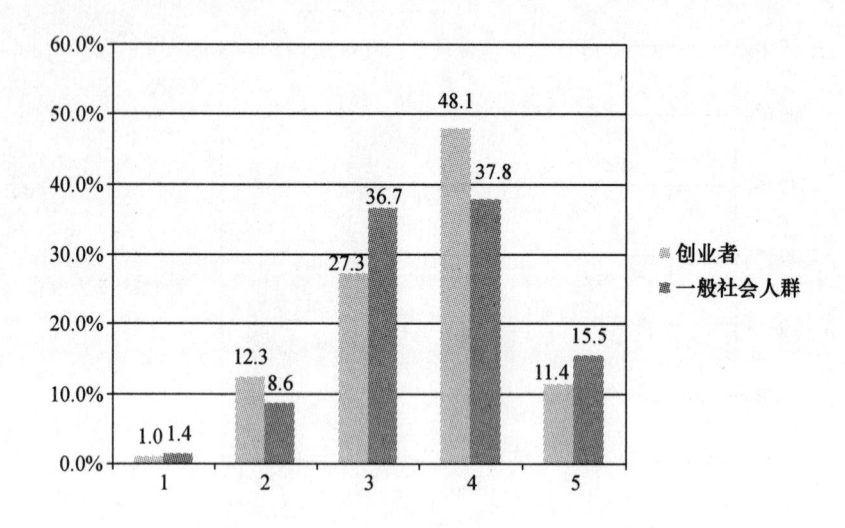

图 3-64 河北省获得原材料的不确定性

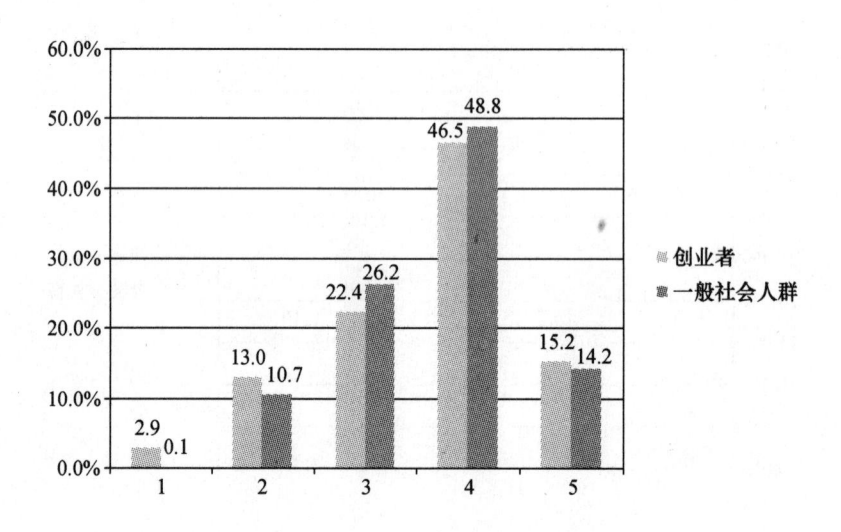

图 3-65 总体人群获得雇员的不确定性

北京市的调查结果显示,创业者样本和一般社会人群样本对于在本区域获得雇员的认知相似,对于创业者和一般社会人群来说,他们普遍认为在本区域获得雇员比较容易,选择比较容易和非常容易的多,如图 3-66 所示。

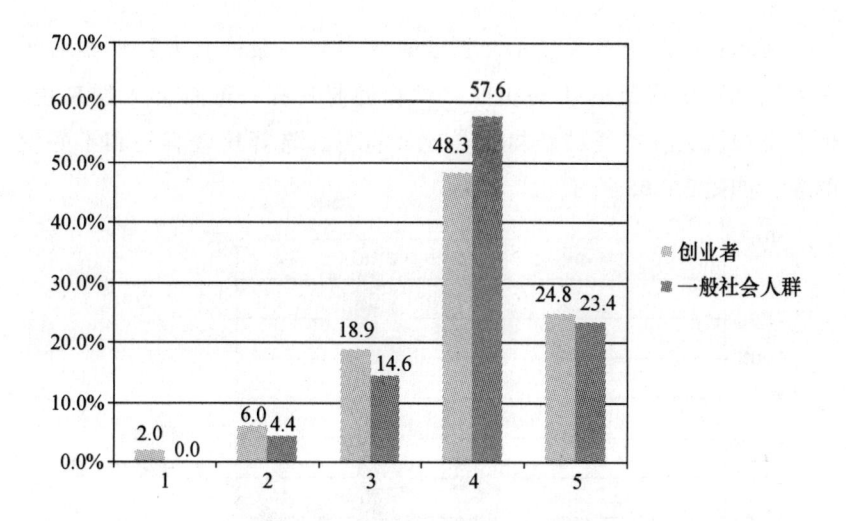

图 3-66 北京市获得雇员的不确定性

天津市的调查结果显示，创业者样本和一般社会人群样本对于在本区域获得雇员的认知相似，对于创业者和一般社会人群来说，他们普遍认为在本区域获得雇员比较容易，选择比较容易和不好说的多，如图 3-67 所示。

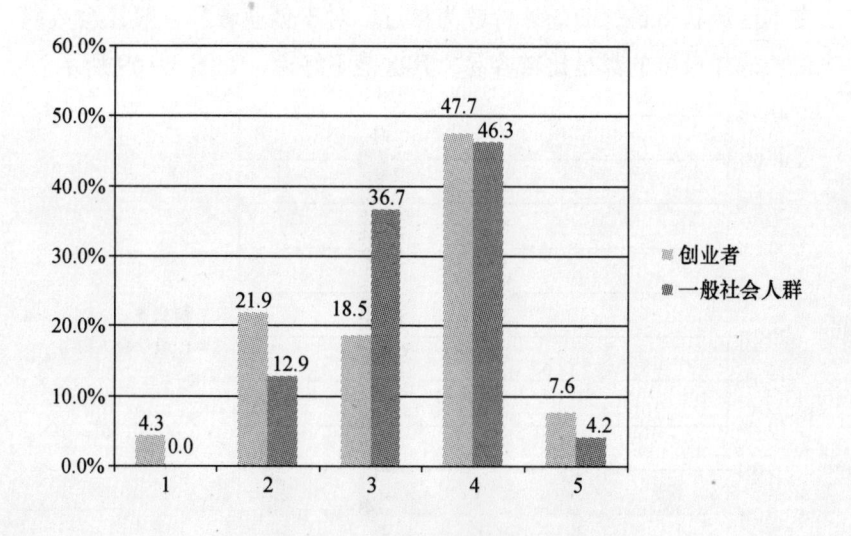

图 3-67 天津市获得雇员的不确定性

河北省的调查结果显示,创业者样本和一般社会人群样本对于在本区域获得雇员的认知相似,对于创业者和一般社会人群来说,他们普遍认为在本区域获得雇员比较容易,选择比较容易和不好说的多,如图3-68所示。

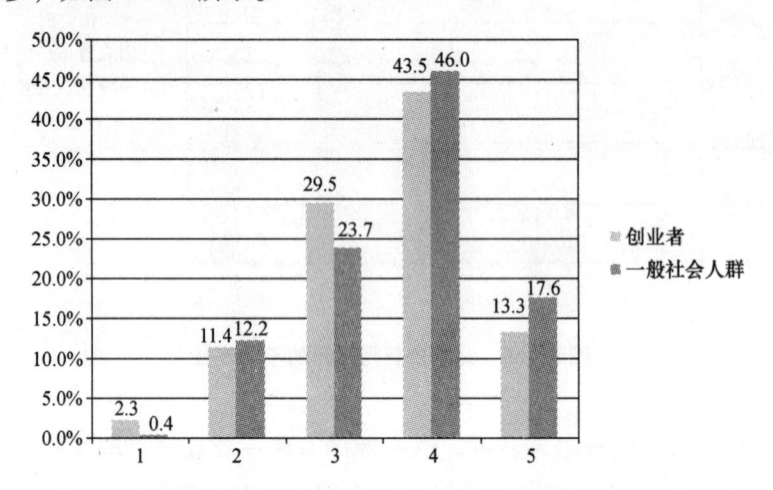

图3-68 河北省获得雇员的不确定性

获得销售商的调查结果显示:创业者样本和一般社会人群样本对于在本区域获得销售商的评价较为接近,对于创业者和一般社会人群来说,选择最多的都是比较容易,其次是不好说,如图3-69所示。

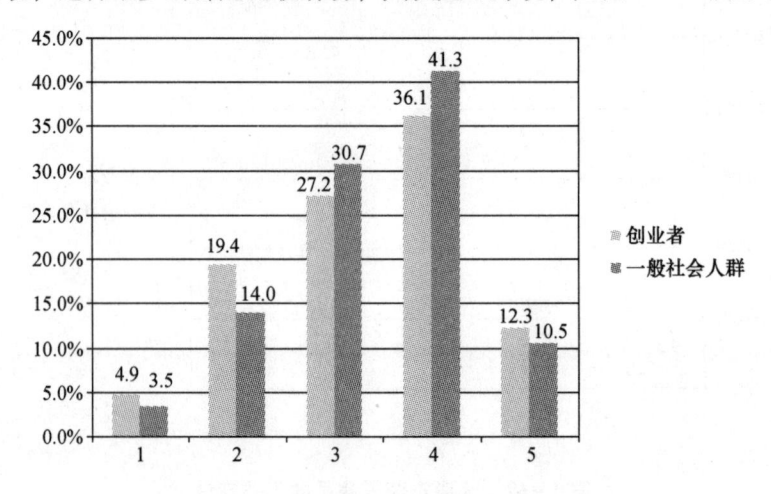

图3-69 总体人群获得销售商的不确定性

北京市的调查结果显示，创业者样本和一般社会人群样本对于在本区域获得销售商的评价较为接近，对于创业者和一般社会人群来说，选择最多的都是比较容易，其次是不好说，如图3-70所示。

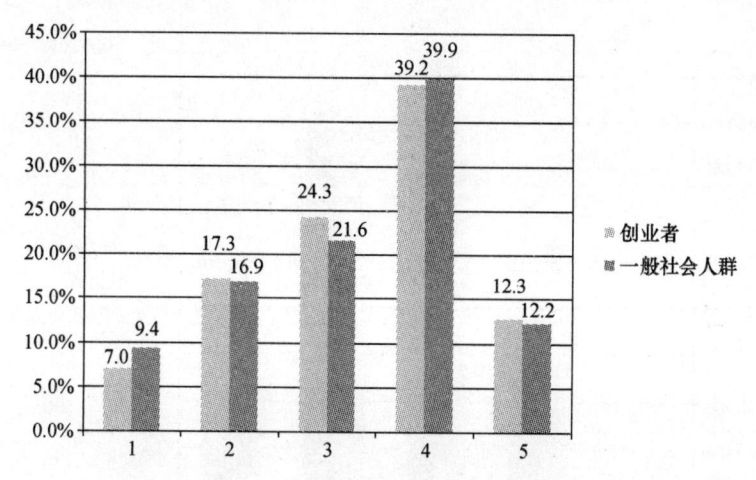

图3-70 北京市获得销售商的不确定性

天津市的调查结果显示，创业者样本和一般社会人群样本对于在本区域获得销售商的评价较为接近。对于创业者来说，选择最多的是比较容易，其次是比较困难；对于一般社会人群来说，选择最多的是比较容易，其次是不好说，如图3-71所示。

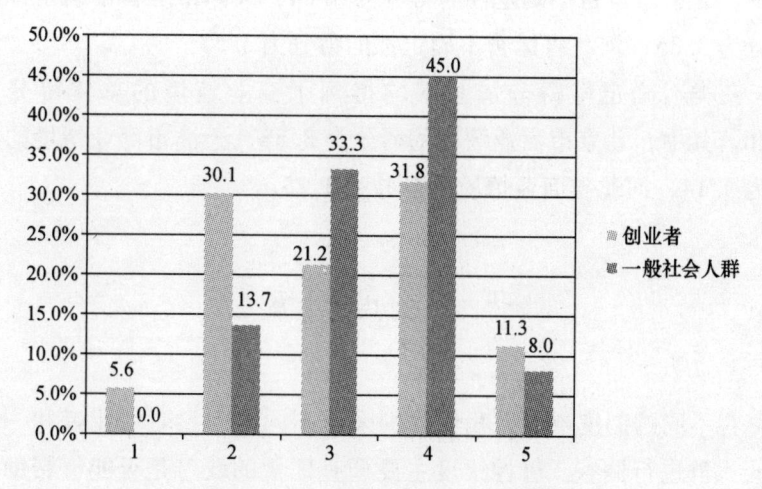

图3-71 天津市获得销售商的不确定性

河北省的调查结果显示，创业者样本和一般社会人群样本对于在本区域获得销售商的评价较为接近，对于创业者和一般社会人群来说，选择最多的都是比较容易，其次都是不好说，如图 3-72 所示。

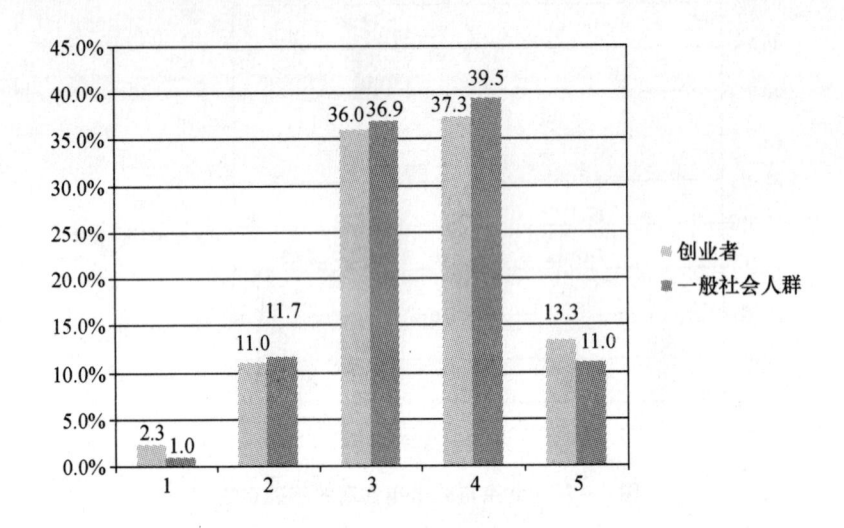

图 3-72 河北省获得销售商的不确定性

各题项得分结果加总平均得到了运营不确定性的得分为 3.51。其中，北京市运营不确定性的得分为 3.64，天津市运营不确定性的得分为 3.35，河北省运营不确定性的得分为 3.53。

三类不确定性得分加总平均得到了商业情境的总体得分为 3.26。其中，北京市商业情境的得分为 3.38，天津市商业情境的得分为 3.14，河北省商业情境的得分为 3.25。

四 制度情境

在不同的制度层面，我们分别采用不同的问卷对创业者和一般社会人群进行调查。管控维度主要调查区域的政府是否能够帮助和支持创业者实施创业活动；认知维度主要调查区域人群对于创业活动所涉及的知识和信息的了解程度;规范维度主要调查区域人群对于创业活动的评价。

1. 管控维度

"政府机构帮助个人创办他们的企业(1=非常不赞同;2=有点不赞同;3=不好说;4=有点赞同;5=非常赞同)"的调查结果显示:创业者样本和一般社会人群样本的评价较为类似,在总体上,都肯定了政府对于创业活动的支持,其中有点赞同选项所占比例是最高的,超过了30%,如图3-73所示。

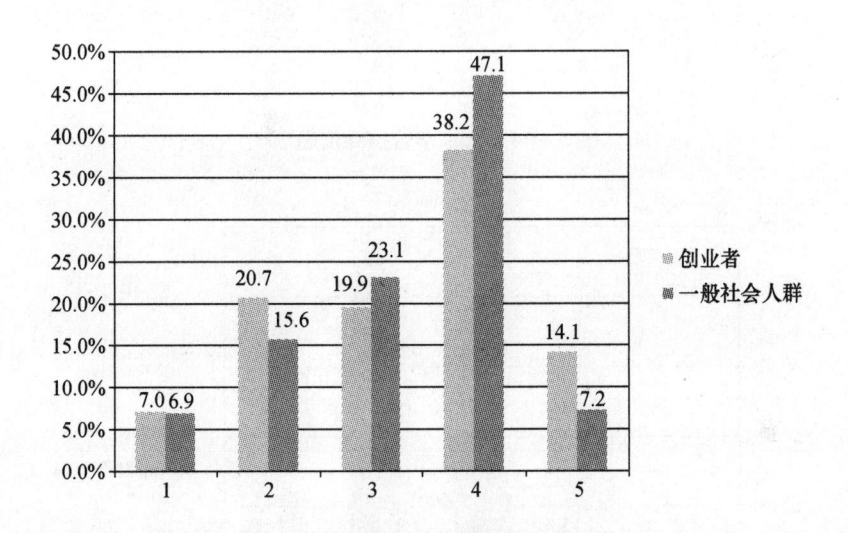

图3-73 总体人群管控维度题项1

北京市的调查结果显示,创业者样本和一般社会人群样本的评价较为类似,在总体上,都肯定了政府对于创业活动的支持,其中有点赞同选项所占比例是最高的,超过了40%,如图3-74所示。

天津市的调查结果显示,创业者样本和一般社会人群样本的评价较为类似,在总体上,都肯定了政府对于创业活动的支持,其中有点赞同选项所占比例是最高的,超过了30%,其次是不好说,如图3-75所示。

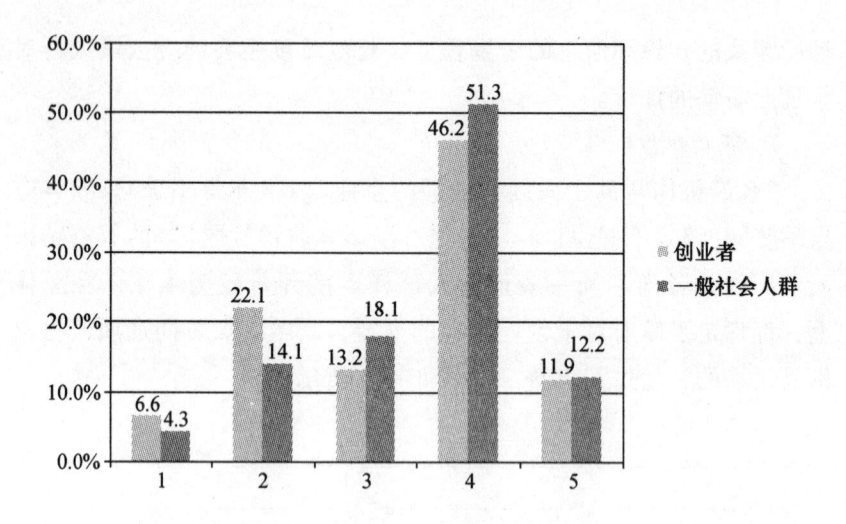

图 3-74　北京市管控维度题项 1

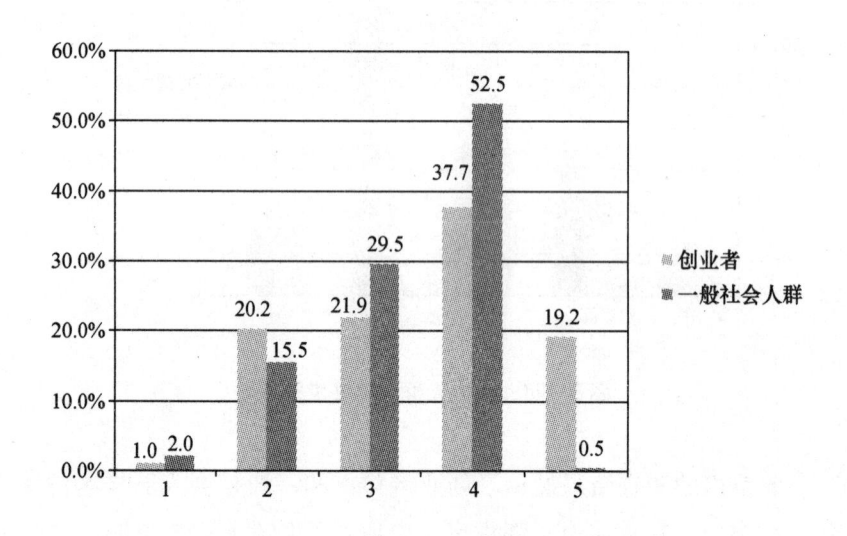

图 3-75　天津市管控维度题项 1

河北省的调查结果显示，创业者样本和一般社会人群样本的评价较为类似，在总体上，都肯定了政府对于创业活动的支持，其中有点赞同选项所占比例是最高的，超过了30%，其次是不好说，如图3-76所示。

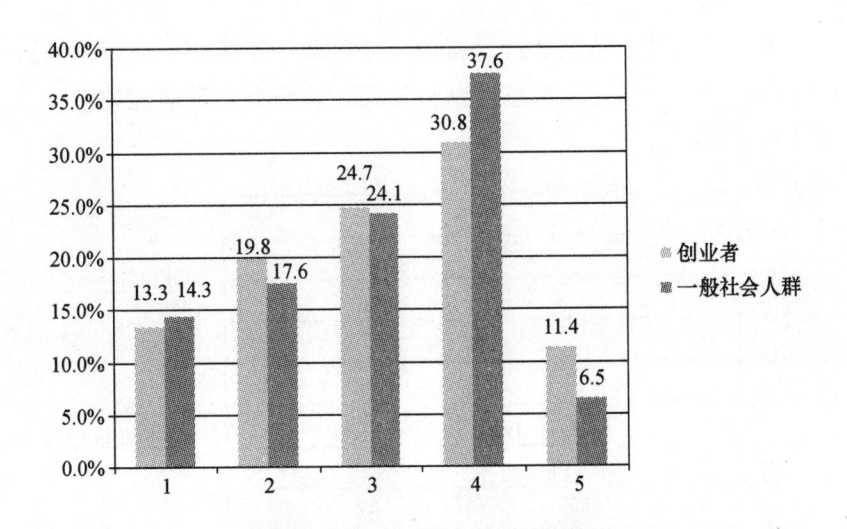

图 3-76 河北省管控维度题项 1

"政府为新创立的小企业提供政府项目（1＝非常不赞同；2＝有点不赞同；3＝不好说；4＝有点赞同；5＝非常赞同）"的调查结果显示：创业者样本和一般社会人群样本的分布类似，其中，选择不好说和有点赞同的较多，如图 3-77 所示。

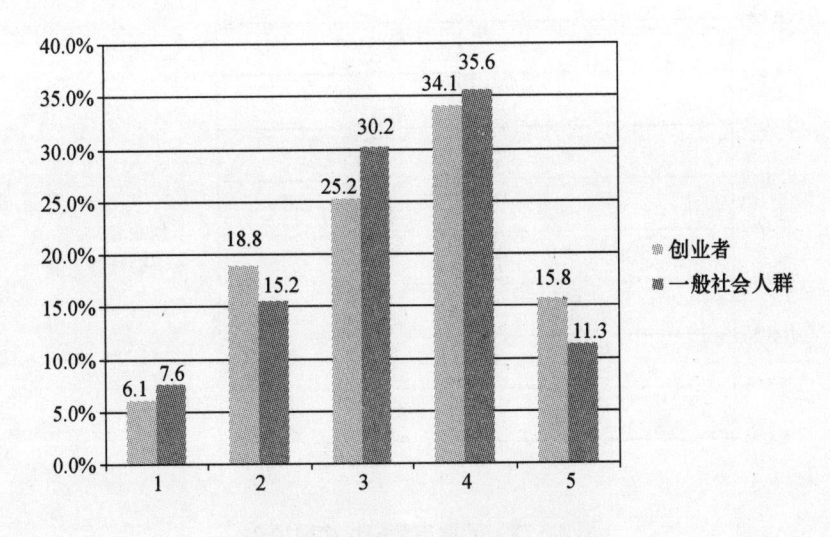

图 3-77 总体人群管控维度题项 2

北京市的调查结果显示，创业者样本和一般社会人群样本的分布类似，其中，总体上的态度都持正面，选择有点赞同的较多，如图3-78所示。

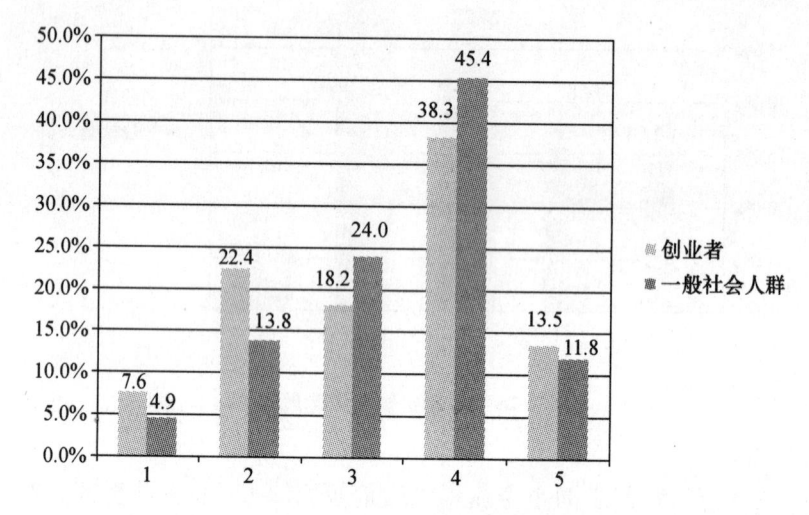

图3-78 北京市管控维度题项2

天津市的调查结果显示，创业者样本和一般社会人群样本的分布类似，其中，选择不好说和有点赞同的较多，如图3-79所示。

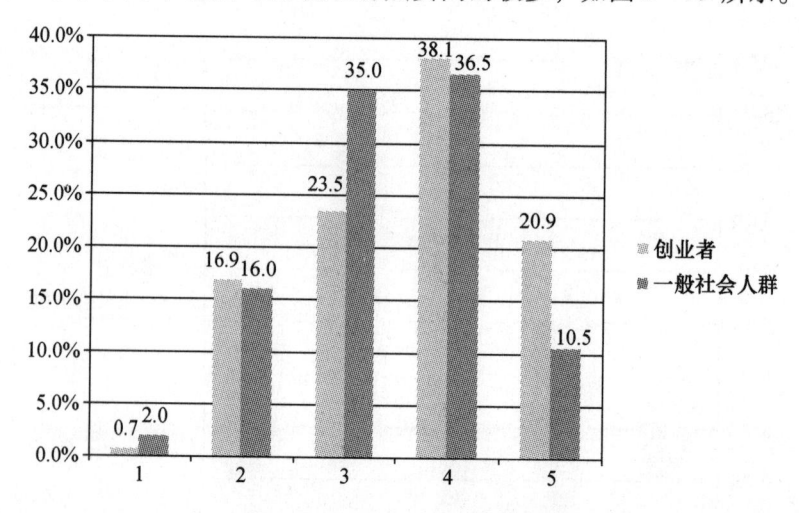

图3-79 天津市管控维度题项2

河北省的调查结果显示，创业者样本和一般社会人群样本的分布类似，其中，选择不好说和有点赞同的较多，如图3-80所示。

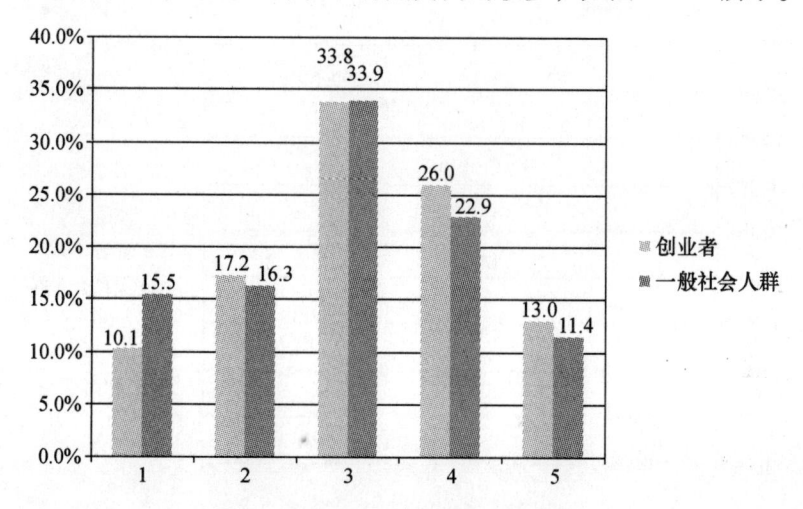

图3-80 河北省管控维度题项2

"政府针对准备创业的人提供专项扶持（1=非常不赞同；2=有点不赞同；3=不好说；4=有点赞同；5=非常赞同）"的调查结果显示：创业者样本和一般社会人群样本的分布类似，选择比例最高的都是有点赞同，其次是不好说，如图3-81所示。

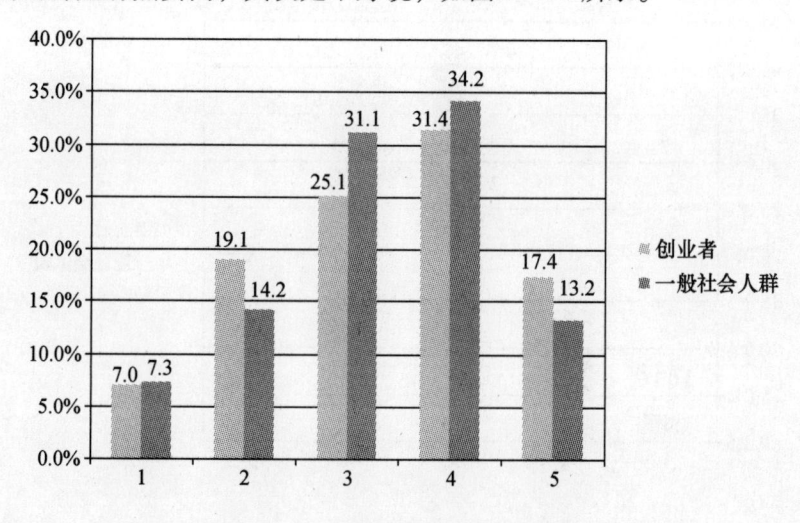

图3-81 总体人群管控维度题项3

北京市的调查结果显示，创业者样本和一般社会人群样本的选择类似，所选择比例最高的都是有点赞同，如图3-82所示。

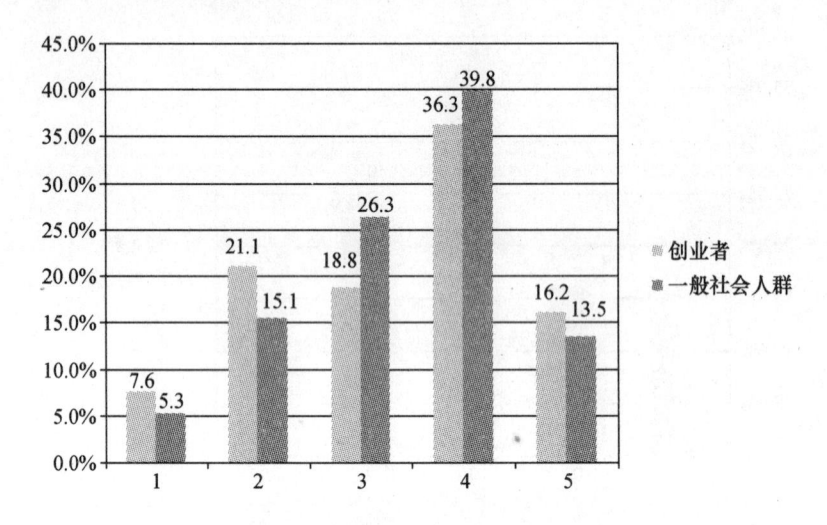

图3-82 北京市管控维度题项3

天津市的调查结果显示，创业者样本中选择比例最高的是有点赞同，而一般社会人群样本选择比例最高的是不好说，如图3-83所示。

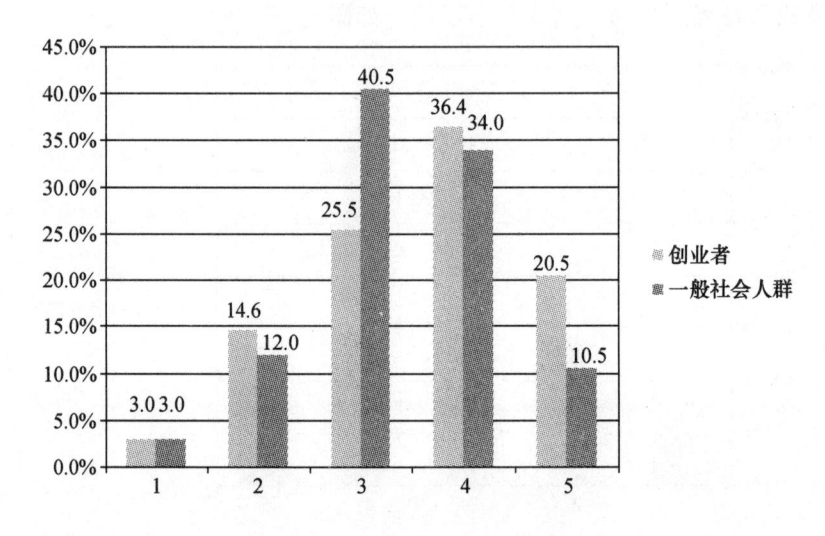

图3-83 天津市管控维度题项3

河北省的调查结果显示，创业者样本和一般社会人群样本的分布类似，选择比例最高的都是不好说，其次是有点赞同，如图 3-84 所示。

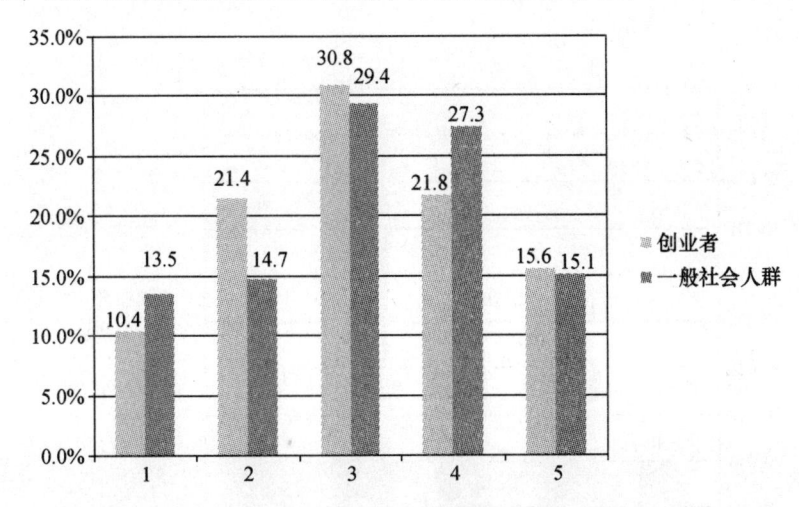

图 3-84 河北省管控维度题项 3

"政府赞助那些帮助新创企业发展的组织或机构（1 = 非常不赞同；2 = 有点不赞同；3 = 不好说；4 = 有点赞同；5 = 非常赞同）"的调查结果显示：不论是创业者样本还是一般社会人群样本，选择有点赞同的都是最多的，其次是不好说，如图 3-85 所示。

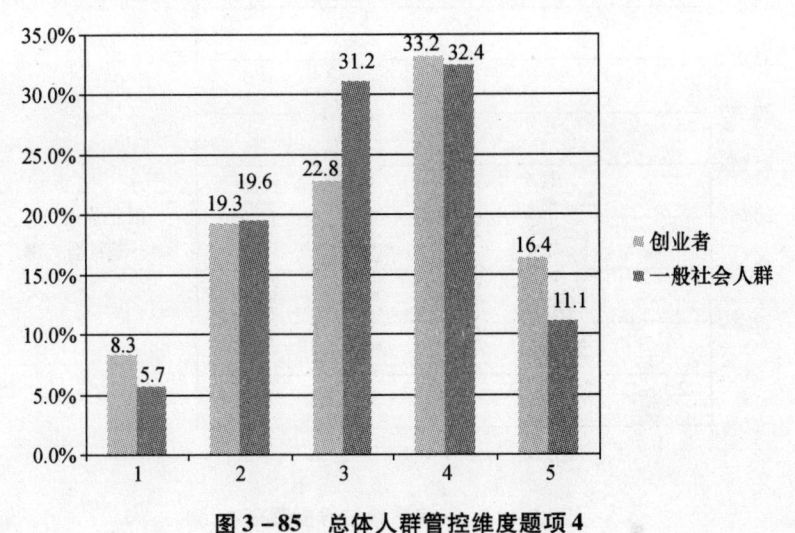

图 3-85 总体人群管控维度题项 4

北京市的调查结果显示，不论是创业者样本还是一般社会人群样本，选择有点赞同的都是最多的，其次是不好说，如图3-86所示。

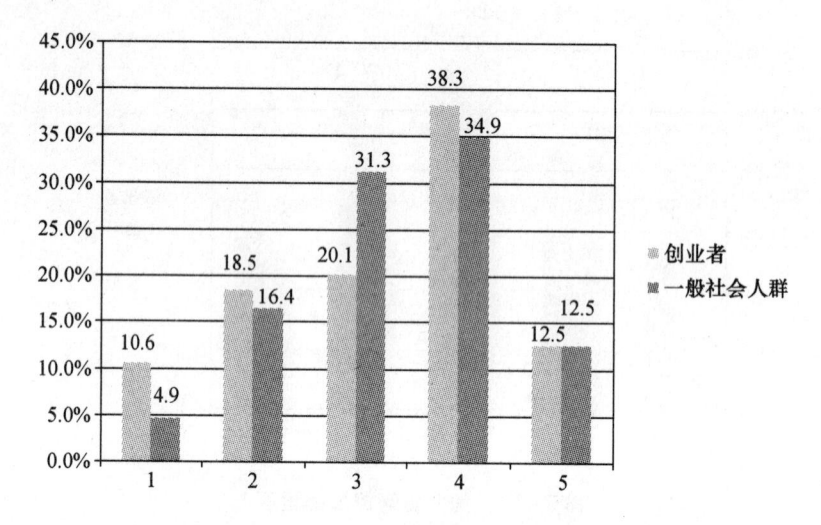

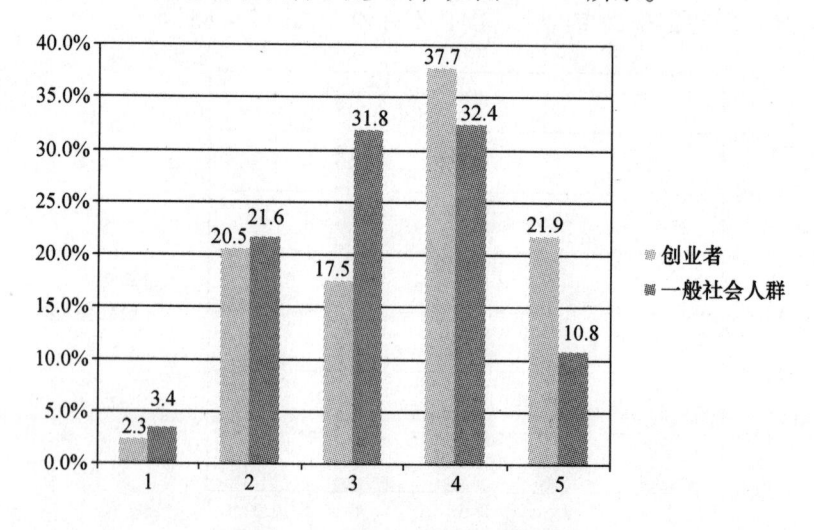

图3-86 北京市管控维度题项4

天津市的调查结果显示，不论是创业者样本还是一般社会人群样本，选择有点赞同的都是最多的，如图3-87所示。

图3-87 天津市管控维度题项4

河北省的调查结果显示，不论是创业者样本还是一般社会人群样本，选择不好说的都是最多的。而对于创业者，其次是有点赞同；对于一般社会人群，其次是有点不赞同，如图3-88所示。

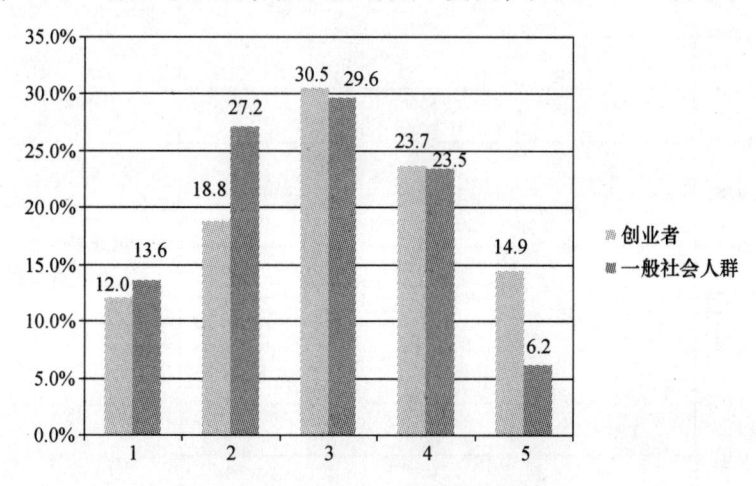

图3-88 河北省管控维度题项4

"即使在创业初期遭遇失败，政府将支持创业者重新开始（1=非常不赞同；2=有点不赞同；3=不好说；4=有点赞同；5=非常赞同）"的调查结果显示：创业者样本中，选择有点赞同的比例最高；而一般社会人群样本中，选择不好说的比例最高，如图3-89所示。

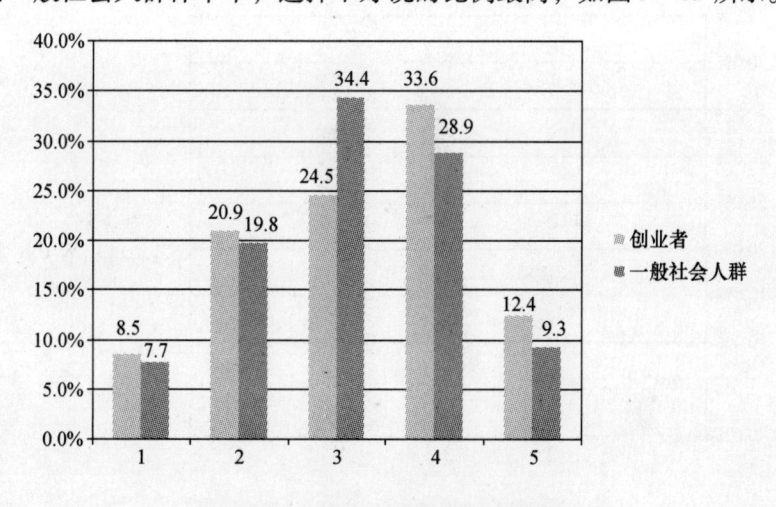

图3-89 总体人群管控维度题项5

北京市的调查结果显示，创业者样本中，选择有点赞同的比例最高；而一般社会人群样本中，选择不好说的比例最高，如图3-90所示。

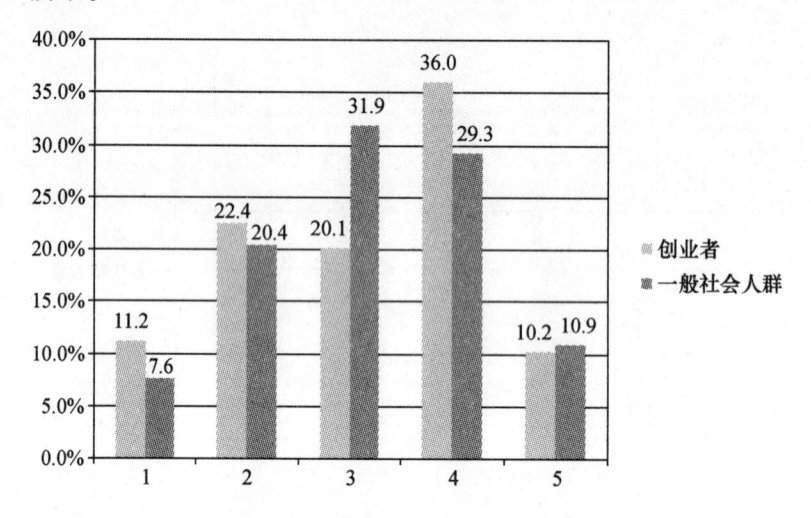

图 3-90 北京市管控维度题项 5

天津市的调查结果显示，创业者样本中，选择有点赞同的比例最高，而一般社会人群样本中，选择不好说的比例最高，如图3-91所示。

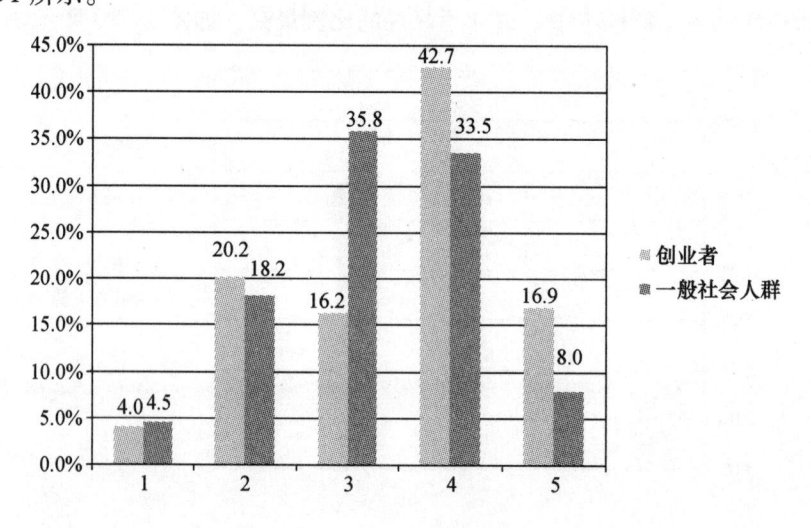

图 3-91 天津市管控维度题项 5

河北省的调查结果显示，创业者样本和一般社会人群样本中，选择不好说的比例都是最高的，如图3-92所示。

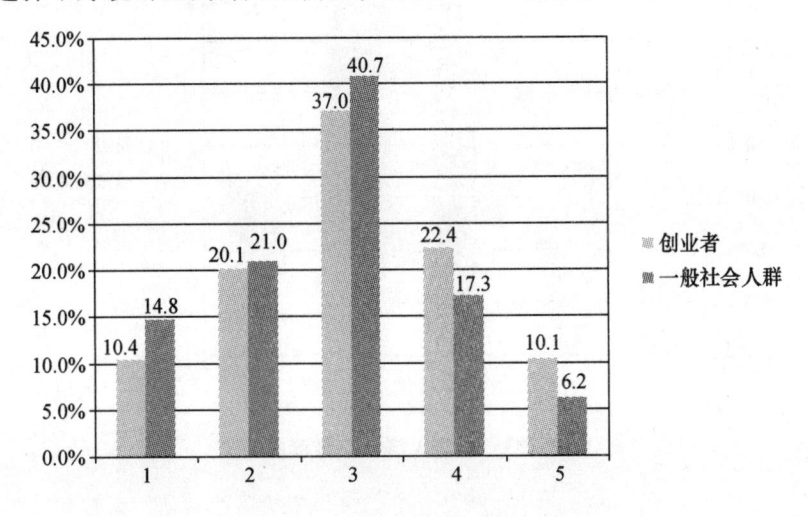

图3-92 河北省管控维度题项5

各题项得分结果加总平均得到了管控维度的得分为3.26。其中，北京市的管控维度得分为3.32，天津市的管控维度得分为3.45，河北省的管控维度得分为3.02。

2. 认知维度

"人们清楚从法律上如何保护一个新企业（1＝非常不赞同；2＝有点不赞同；3＝不好说；4＝有点赞同；5＝非常赞同）"的调查结果显示：创业者样本和一般社会人群样本都对这一论述持有较为肯定的评价，所占比例最高的是有点赞同选项，如图3-93所示。

北京市的调查结果显示，创业者样本和一般社会人群样本都对这一论述持有较为肯定的评价，所占比例最高的都是有点赞同选项，如图3-94所示。

天津的调查结果显示，创业者样本和一般社会人群样本都对这一论述持有较为肯定的评价。其中，创业者样本中所占比例最高的是有点赞同选项；而一般社会人群样本中所占比例最高的是不好说选项，如图3-95所示。

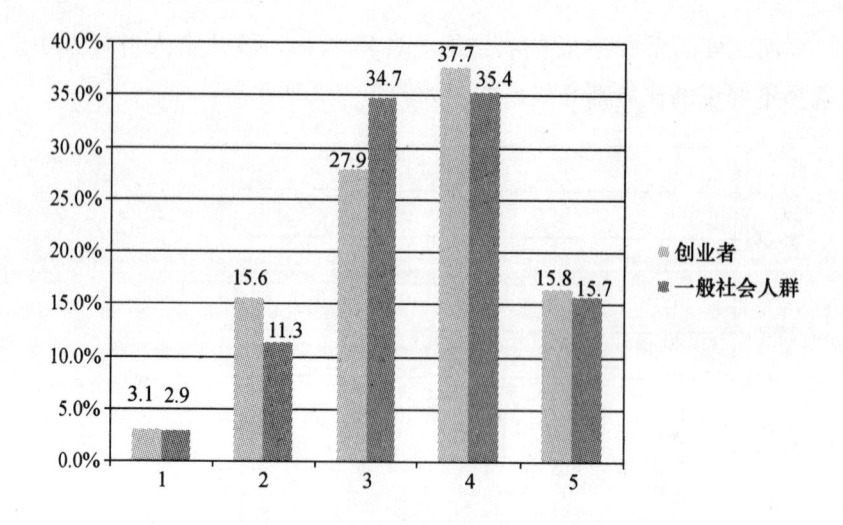

图3-93 总体人群认知维度题项1

河北省的调查结果显示，创业者样本和一般社会人群样本都对这一论述持有较为肯定的评价，有点赞同和不好说两个选项所占比例较高，如图3-96所示。

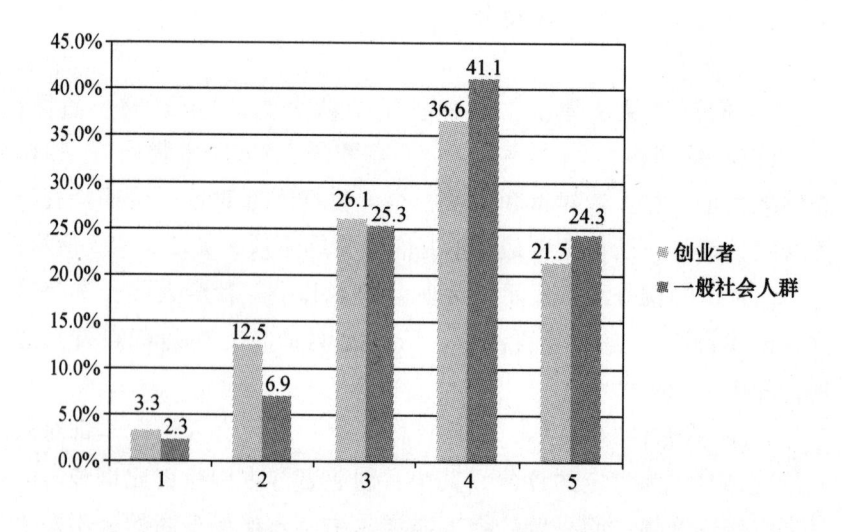

图3-94 北京市认知维度题项1

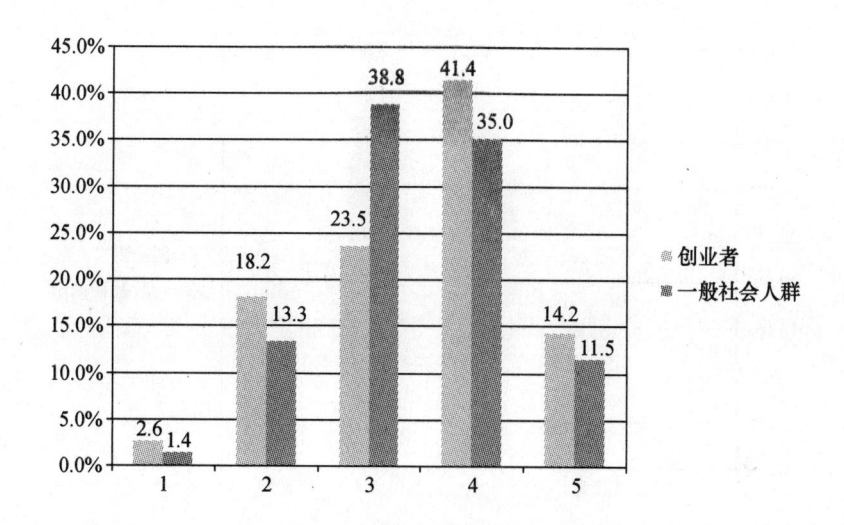

图 3 – 95　天津市认知维度题项 1

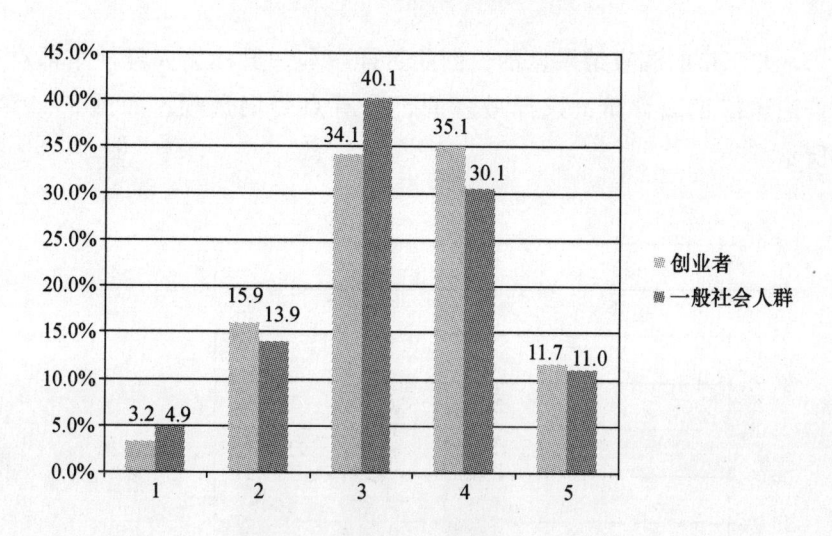

图 3 – 96　河北省认知维度题项 1

"那些创办新企业的人知道如何应对风险（1 = 非常不赞同；2 = 有点不赞同；3 = 不好说；4 = 有点赞同；5 = 非常赞同）"的调查结果显示：创业者样本和一般社会人群样本都对该论述持正面评价，选择最多的是有点赞同选项，如图 3 – 97 所示。

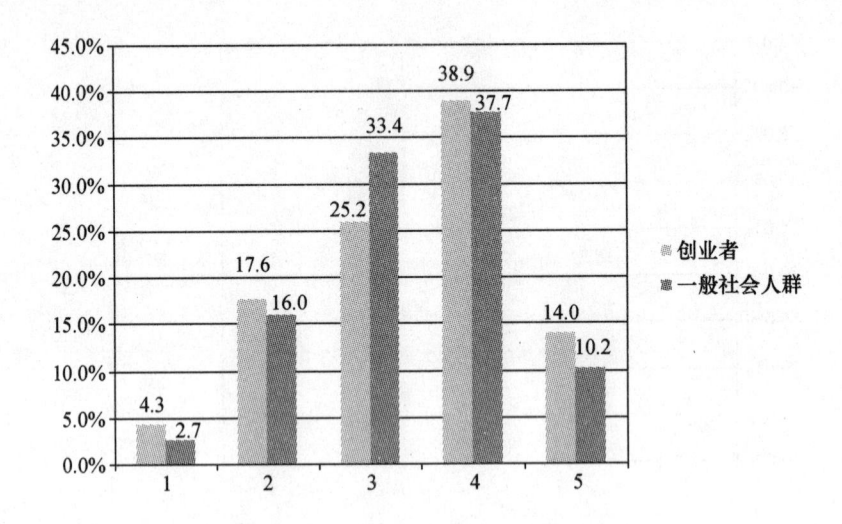

图 3-97　总体人群认知维度题项 2

北京市的调查结果显示，创业者样本和一般社会人群样本都对该论述持正面评价，选择最多的仍是有点赞同选项，如图 3-98 所示。

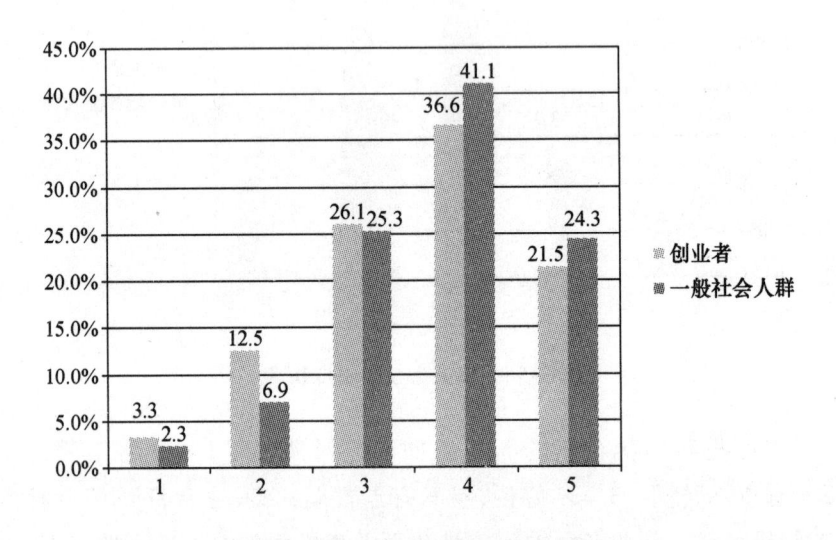

图 3-98　北京市认知维度题项 2

天津市的调查结果显示，创业者样本选择最多的是有点赞同，一般社会人群样本选择最多的是不好说，如图 3-99 所示。

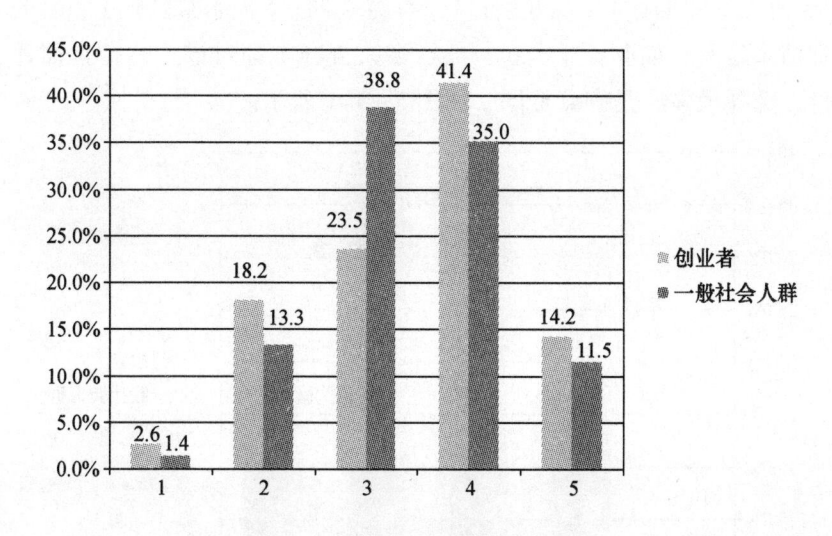

图 3-99　天津市认知维度题项 2

河北省的调查结果显示，创业者样本选择最多的仍是有点赞同，一般社会人群样本选择最多的是不好说，如图 3-100 所示。

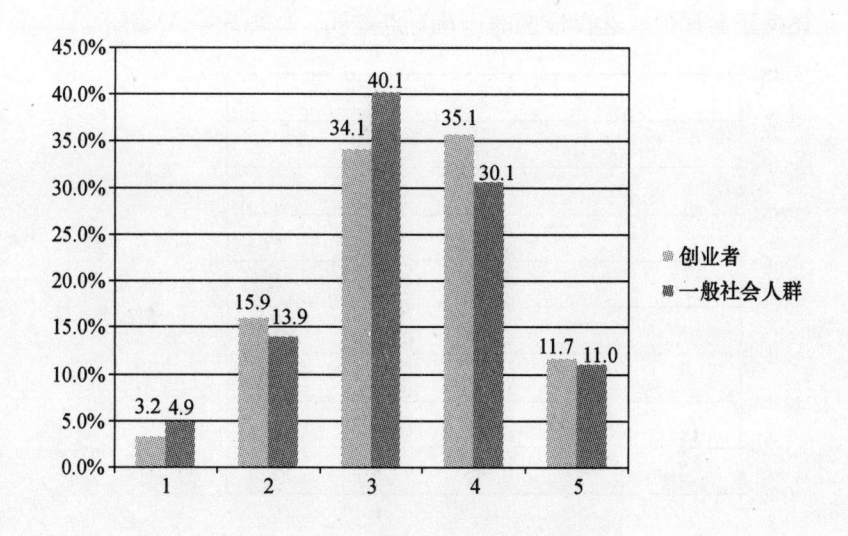

图 3-100　河北省认知维度题项 2

"那些创办新企业的人知道如何管理风险（1=非常不赞同；2=有点不赞同；3=不好说；4=有点赞同；5=非常赞同）"的调查结果显示：创业者样本和一般社会人群样本都对该论述持正面评价，选择最多的是有点赞同，如图3-101所示。

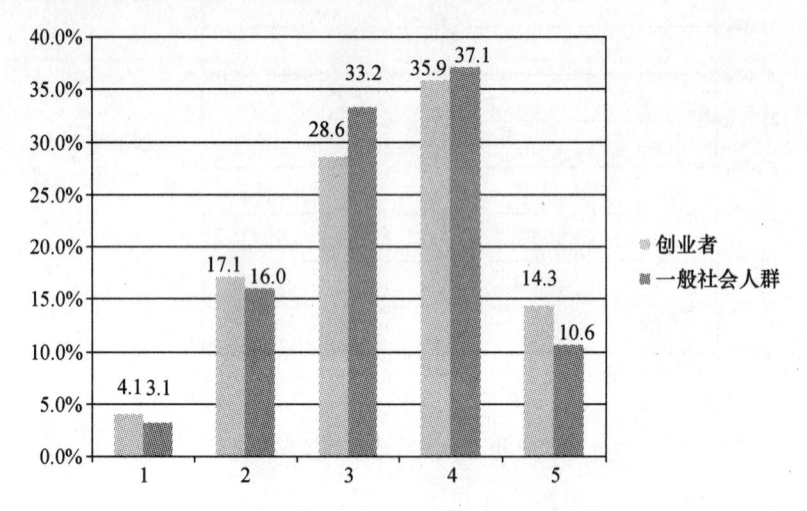

图3-101 总体人群认知维度题项3

北京市的调查结果显示，创业者样本和一般社会人群样本都对该论述持正面评价，选择最多的仍是有点赞同，如图3-102所示。

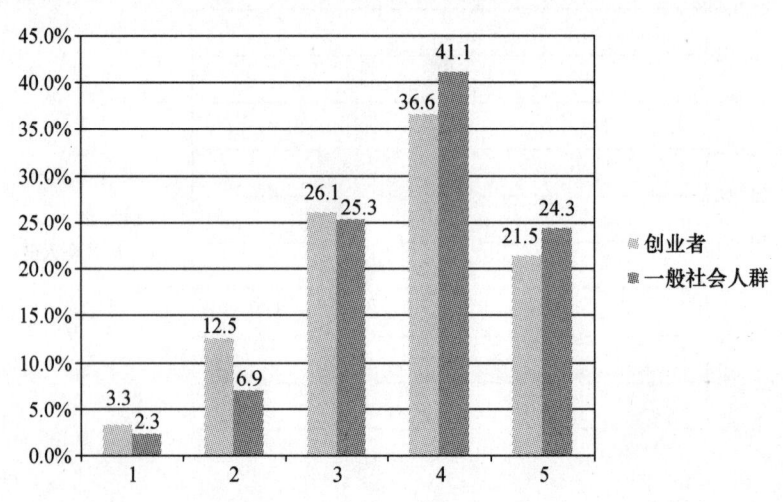

图3-102 北京市认知维度题项3

天津市的调查结果显示，创业者样本和一般社会人群样本都对该论述持正面评价，选择最多的是有点赞同，如图 3-103 所示。

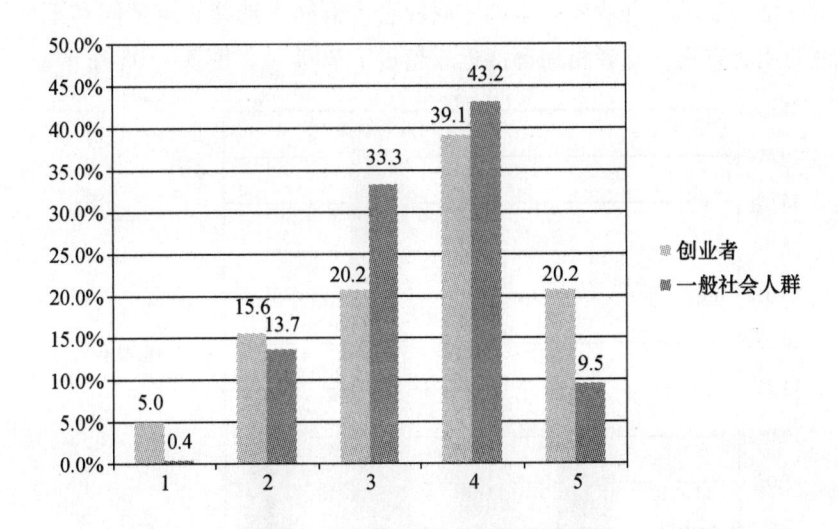

图 3-103 天津市认知维度题项 3

河北省的调查结果显示，创业者样本和一般社会人群样本的分布类似，选择最多的是不好说，如图 3-104 所示。

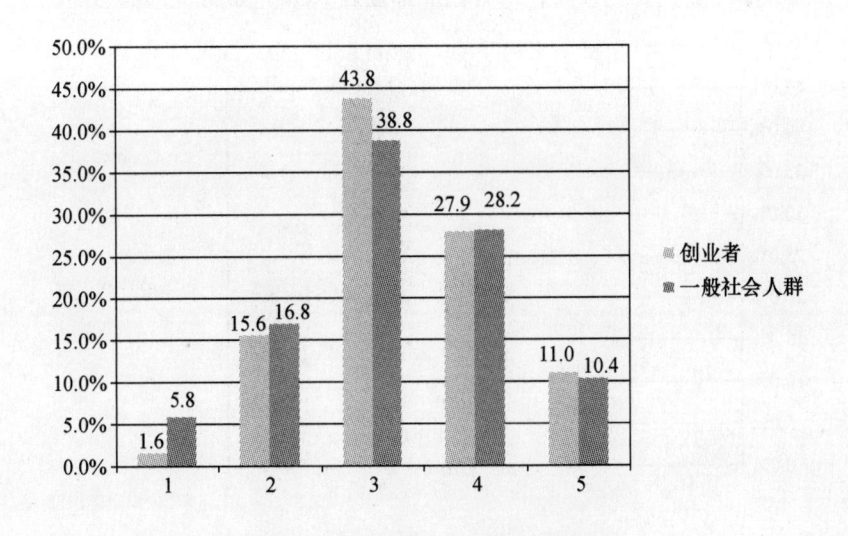

图 3-104 河北省认知维度题项 3

"大部分人知道如何寻找关于产品和市场的信息（1＝非常不赞同；2＝有点不赞同；3＝不好说；4＝有点赞同；5＝非常赞同）"的调查结果显示：创业者样本和一般社会人群样本选择有点赞同和不好说的比例较高，二者相加都接近或超过了70%，如图3－105所示。

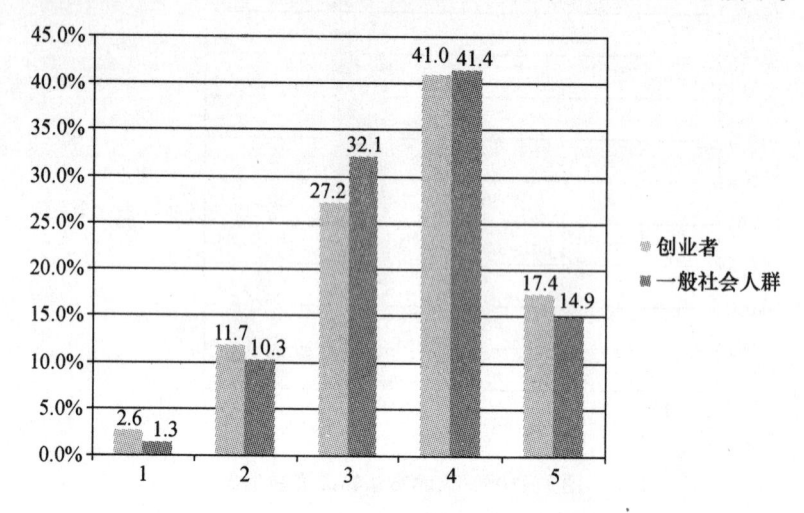

图3－105 总体人群认知维度题项4

北京市的调查结果显示，创业者样本和一般社会人群样本选择有点赞同和非常赞同比例较高，二者相加都接近70%，如图3－106所示。

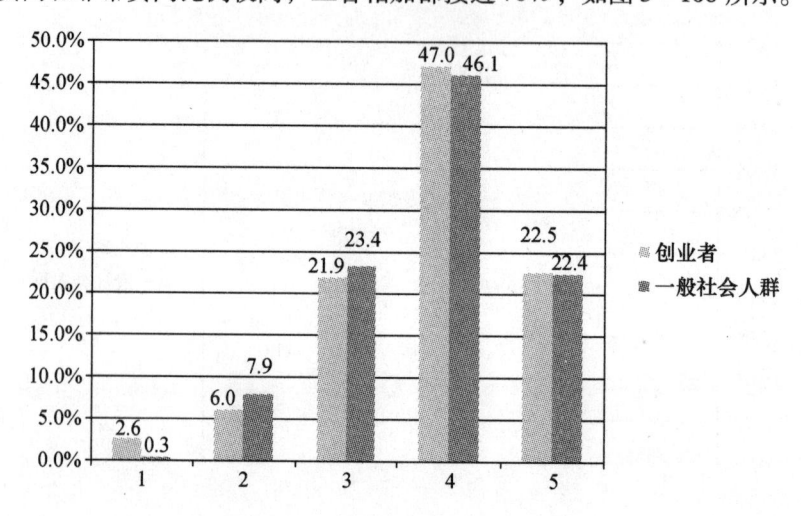

图3－106 北京市认知维度题项4

天津市的调查结果显示，创业者样本和一般社会人群样本选择有点赞同的比例最高，都超过了40%，如图3-107所示。

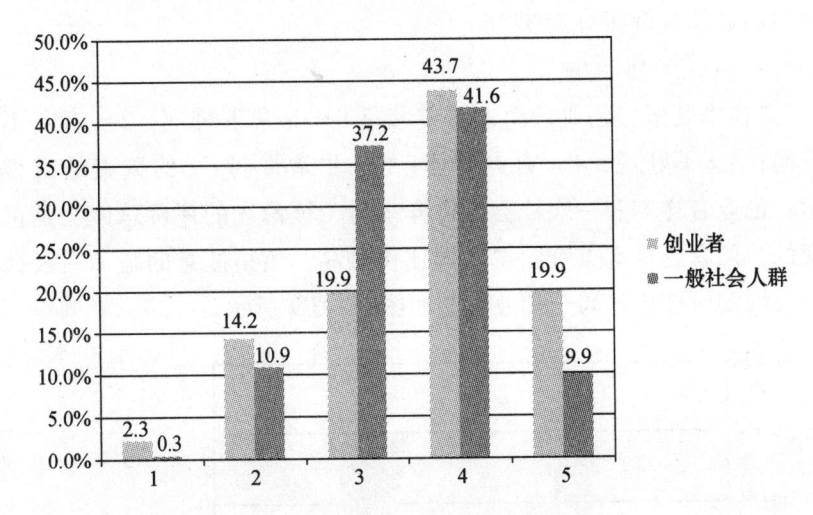

图3-107 天津市认知维度题项4

河北省的调查结果显示，创业者样本和一般社会人群样本选择有点赞同和不好说的比例较高，二者相加都超过了70%，如图3-108所示。

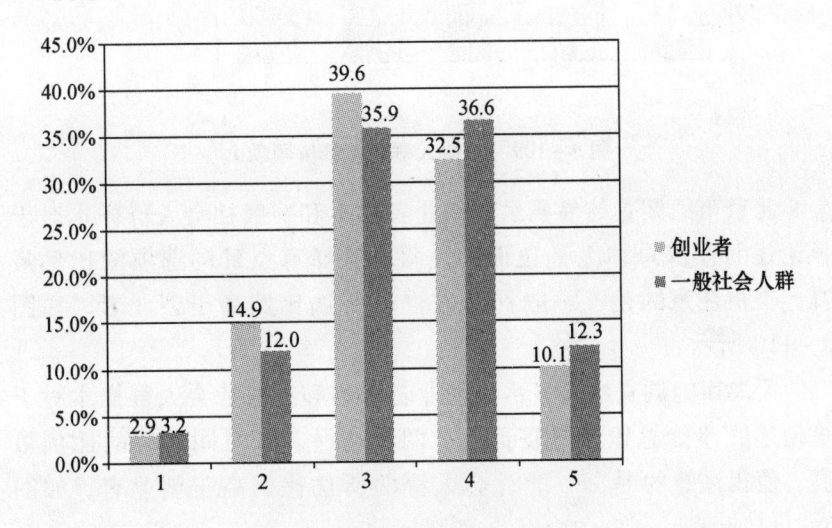

图3-108 河北省认知维度题项4

各题项得分结果加总平均得到了认知维度的得分为 3.46。其中北京市的认知维度得分为 3.57,天津市的认知维度得分为 3.50,河北省的认知维度得分为 3.46。

3. 规范维度

"在本区域,创业行动值得羡慕(1 = 非常不赞同;2 = 有点不赞同;3 = 不好说;4 = 有点赞同;5 = 非常赞同)"的调查结果显示:创业者样本和一般社会人群样本对于该论述的评价总体上是正面的,两者选择有点赞同选项的比例最高,值得注意的是,一般社会人群的所选比例高于创业者,如图 3 - 109 所示。

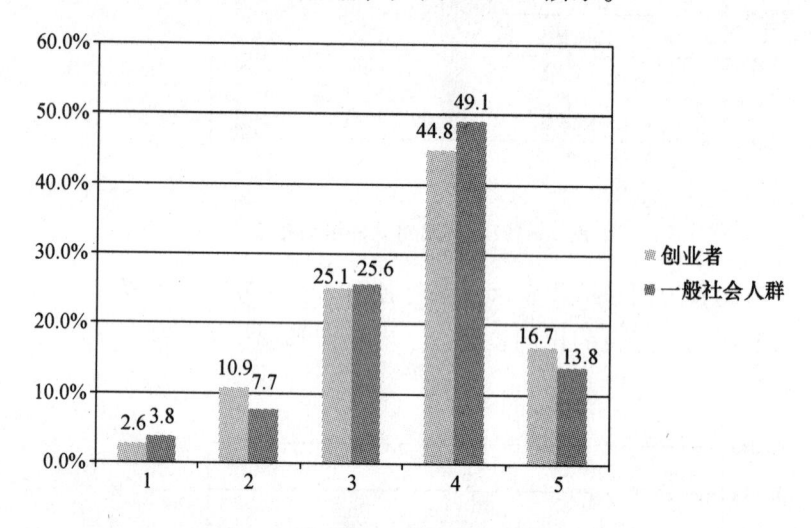

图 3 - 109　总体人群规范维度题项 1

北京市的调查结果显示,创业者样本和一般社会人群样本对于该论述的评价总体上是正面的,两者选择有点赞同选项的比例最高,值得注意的是,一般社会人群的所选比例高于创业者,如图 3 - 110 所示。

天津市的调查结果显示,创业者样本和一般社会人群样本对于该论述的评价总体上是正面的,两者选择有点赞同选项的比例最高,值得注意的是,一般社会人群的所选比例高于创业者,如图 3 - 111 所示。

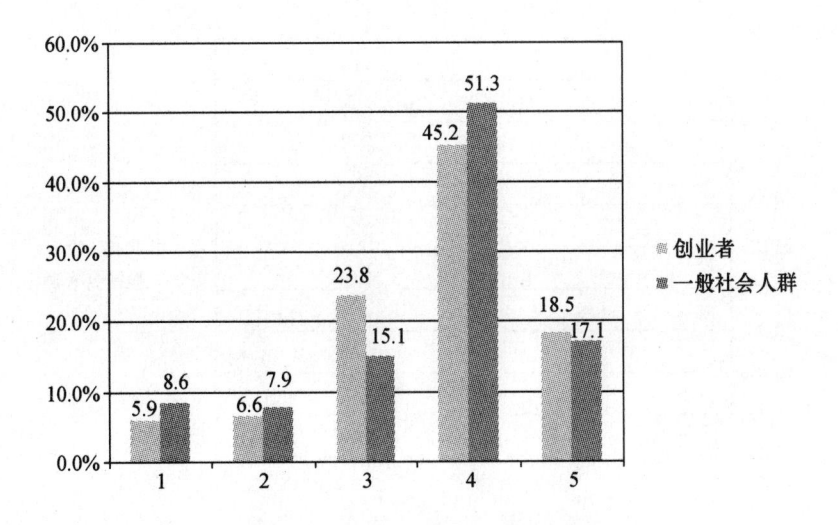

图 3-110 北京市规范维度题项 1

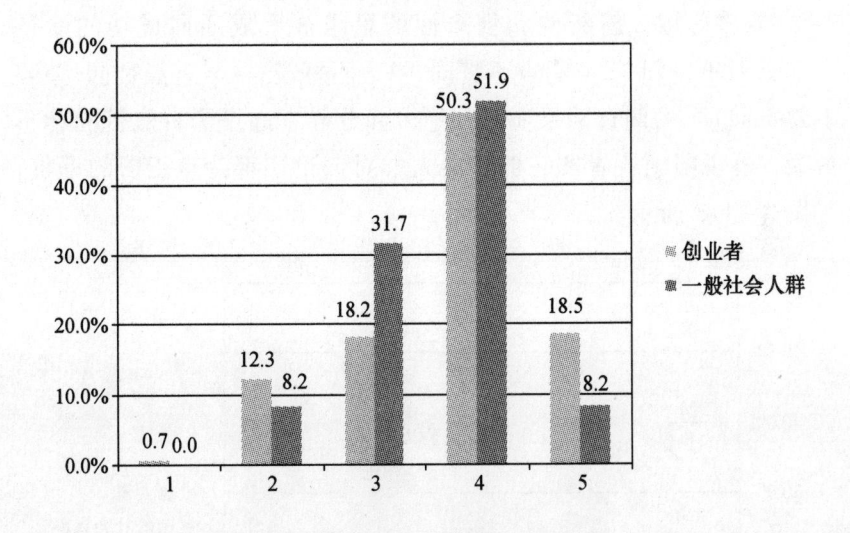

图 3-111 天津市规范维度题项 1

河北省的调查结果显示，创业者样本和一般社会人群样本对于该论述的评价总体上是正面的，两者选择有点赞同选项的比例最高，值得注意的是，一般社会人群的所选比例高于创业者，如图 3-112 所示。

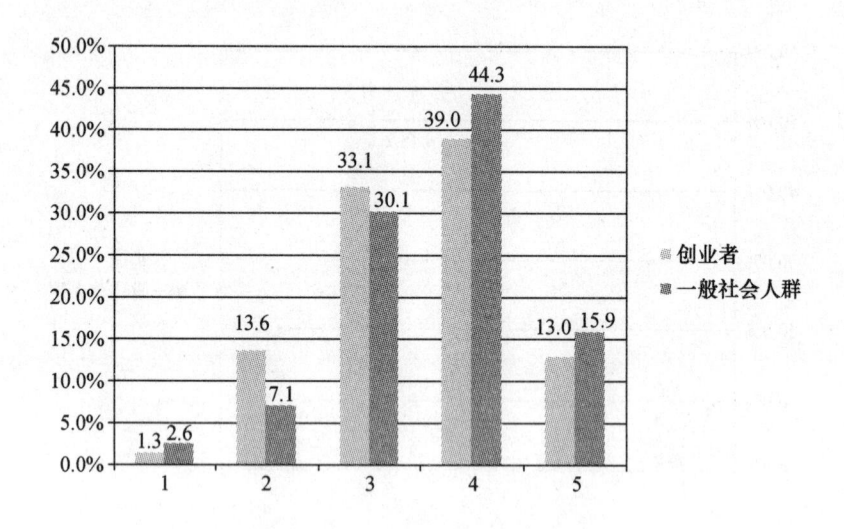

图 3-112　河北省规范维度题项 1

"在本区域,创新性和创造性的思维被看成通向成功的途径(1=非常不赞同;2=有点不赞同;3=不好说;4=有点赞同;5=非常赞同)"的调查结果显示:绝大部分样本选择了有点赞同和不好说,这说明创业者和一般社会人群对该论述都持有正面的评价,如图3-113所示。

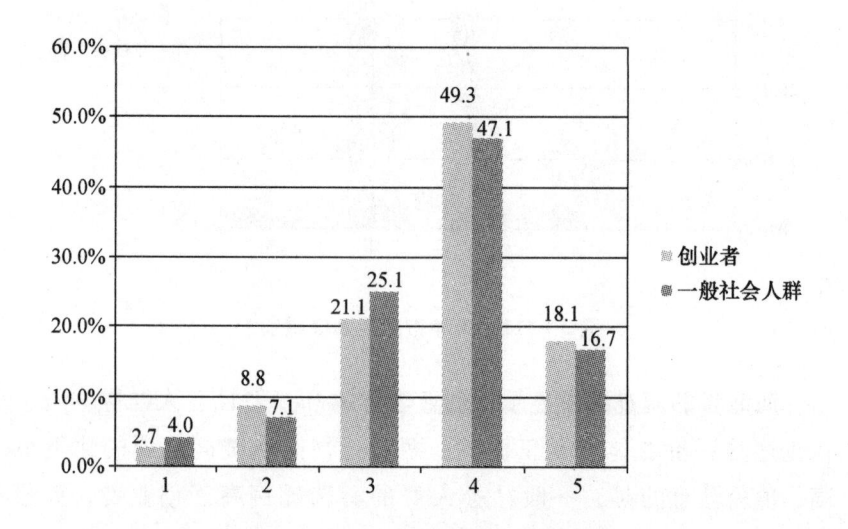

图 3-113　总体人群规范维度题项 2

北京市的调查结果显示，绝大部分样本选择了有点赞同和非常赞同，这说明创业者和一般社会人群对该论述都持有正面的评价，如图3－114所示。

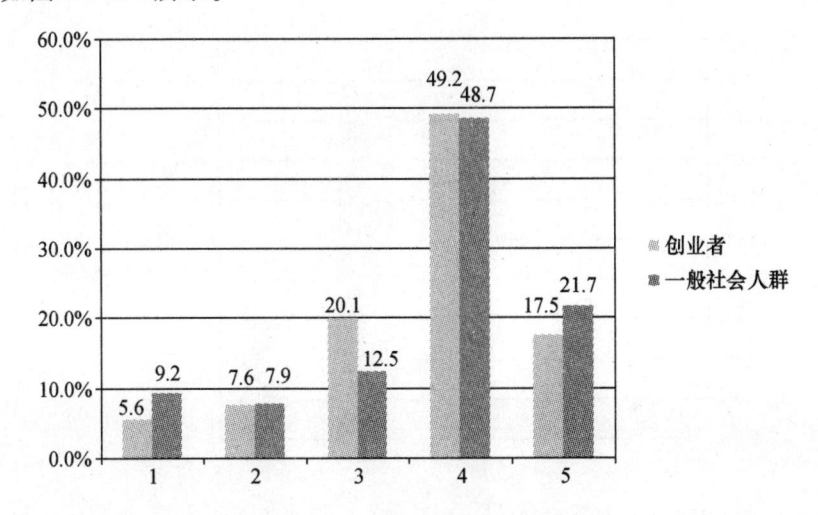

图3－114　北京市规范维度题项2

天津市的调查结果显示，创业者样本中，选择有点赞同和非常赞同的比例较大，而一般社会人群样本中选择有点赞同和不好说的比例较大，如图3－115所示。

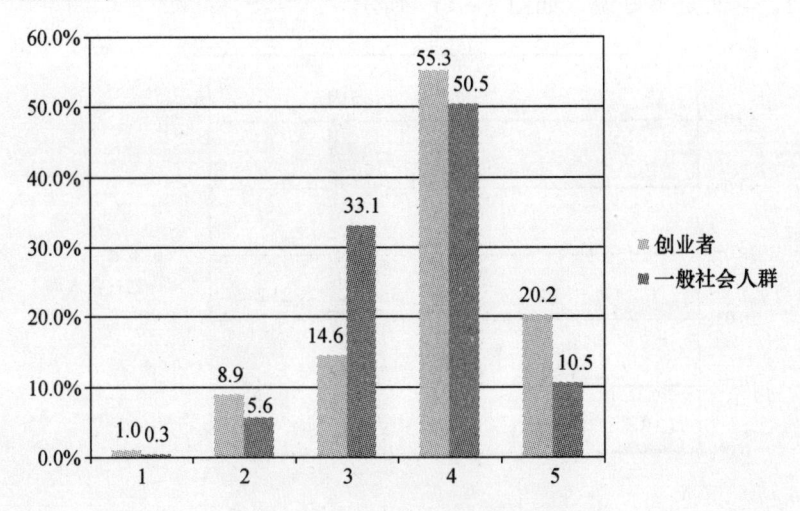

图3－115　天津市规范维度题项2

河北省的调查结果显示，绝大部分样本选择了有点赞同和不好说，这说明创业者和一般社会人群对该论述都持有正面的评价，如图3-116所示。

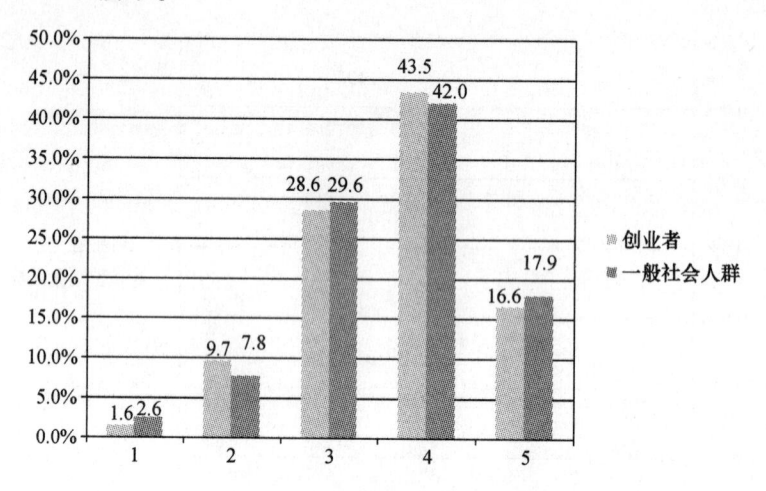

图3-116 河北省规范维度题项2

"在本区域，创业者被广为赞赏（1=非常不赞同；2=有点不赞同；3=不好说；4=有点赞同；5=非常赞同）"的调查结果显示：创业者样本和一般社会人群样本选择比例最高的都是有点赞同，其次是不好说，如图3-117所示。

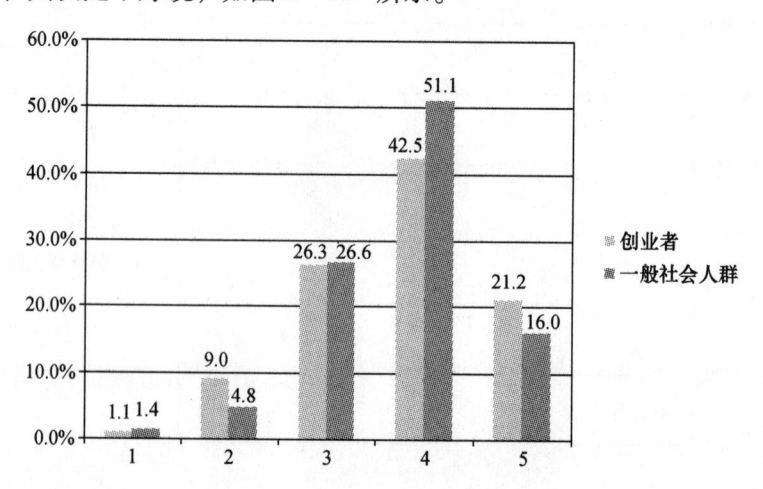

图3-117 总体人群规范维度题项3

北京市的调查结果显示，创业者样本和一般社会人群样本选择比例最高的都是有点赞同，如图3-118所示。

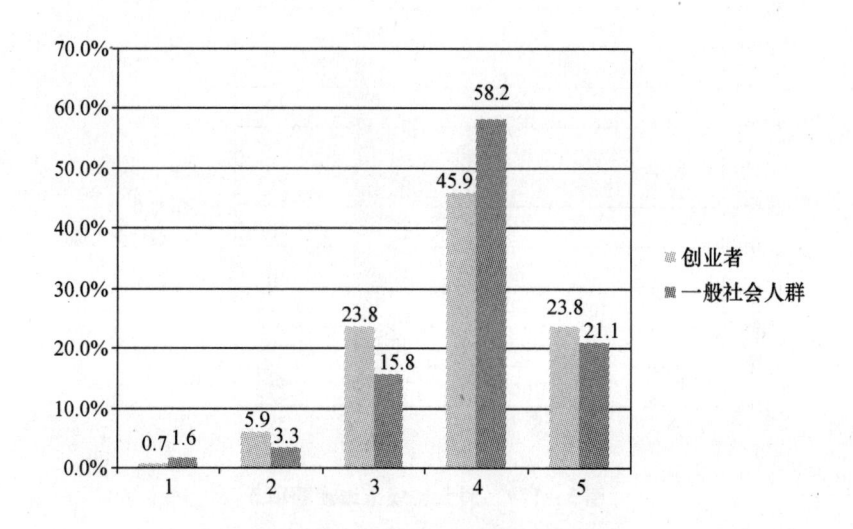

图3-118 北京市规范维度题项3

天津市的调查结果显示，创业者样本和一般社会人群样本选择比例最高的都是有点赞同，其次是不好说，如图3-119所示。

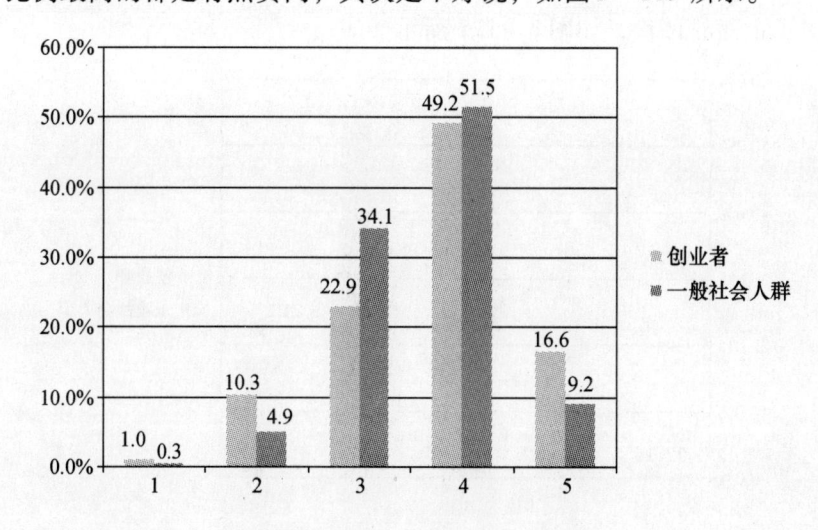

图3-119 天津市规范维度题项3

河北省的调查结果显示，创业者样本和一般社会人群样本选择比例最高的都是有点赞同，其次是不好说，如图3－120所示。

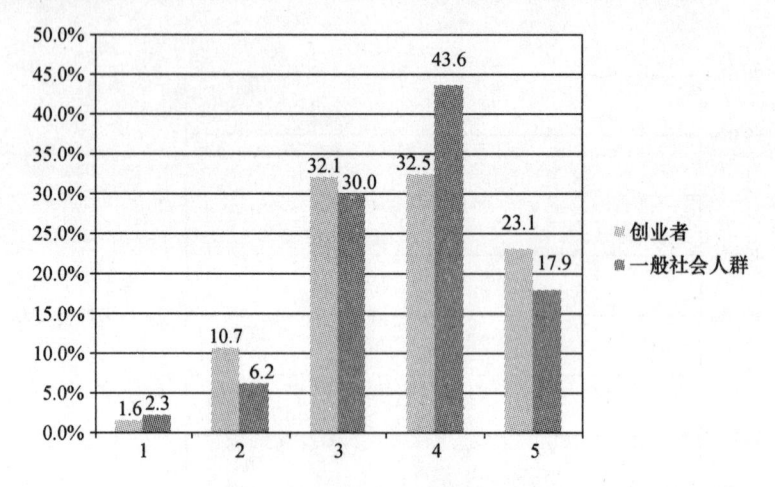

图3－120 河北省规范维度题项3

"本区域的人更加欣赏那些创办自己企业的人（1＝非常不赞同；2＝有点不赞同；3＝不好说；4＝有点赞同；5＝非常赞同）"的调查结果显示：创业者样本和一般社会人群样本的分布总体上较为接近，所选择比例最高的都是有点赞同，都超过了50%，都显示出了正面的评价，如图3－121所示。

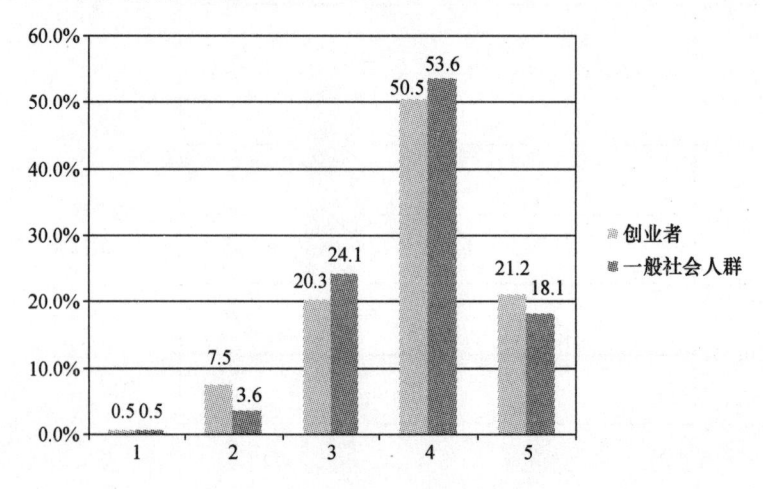

图3－121 总体人群规范维度题项4

北京市的调查结果显示，创业者样本和一般社会人群样本的分布总体上较为接近，所选择比例最高的都是有点赞同，都超过了50%，都显示出了正面的评价，如图3-122所示。

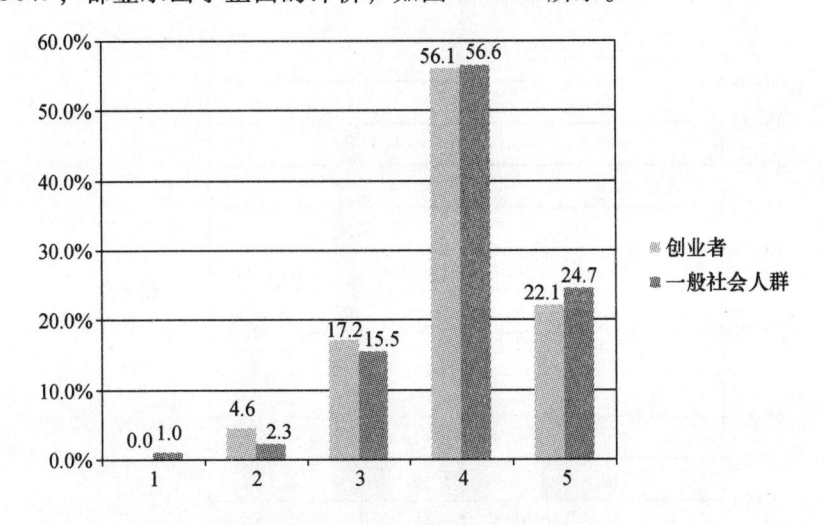

图 3-122 北京市规范维度题项 4

天津市的调查结果显示，创业者样本和一般社会人群样本的分布总体上较为接近，所选择比例最高的都是有点赞同，都超过了50%，都显示出了正面的评价，如图3-123所示。

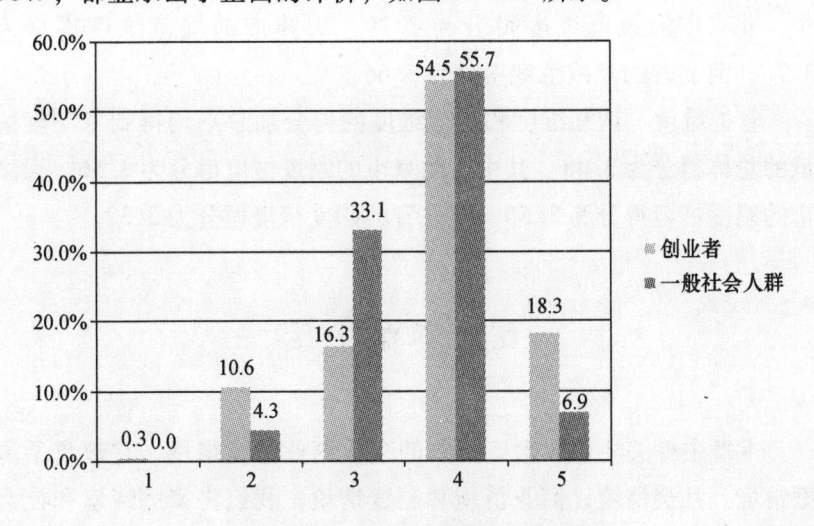

图 3-123 天津市规范维度题项 4

河北省的调查结果显示，创业者样本和一般社会人群样本的分布总体上较为接近，所选择比例最高的都是有点赞同，都超过了40%，都显示出了正面的评价，如图3-124所示。

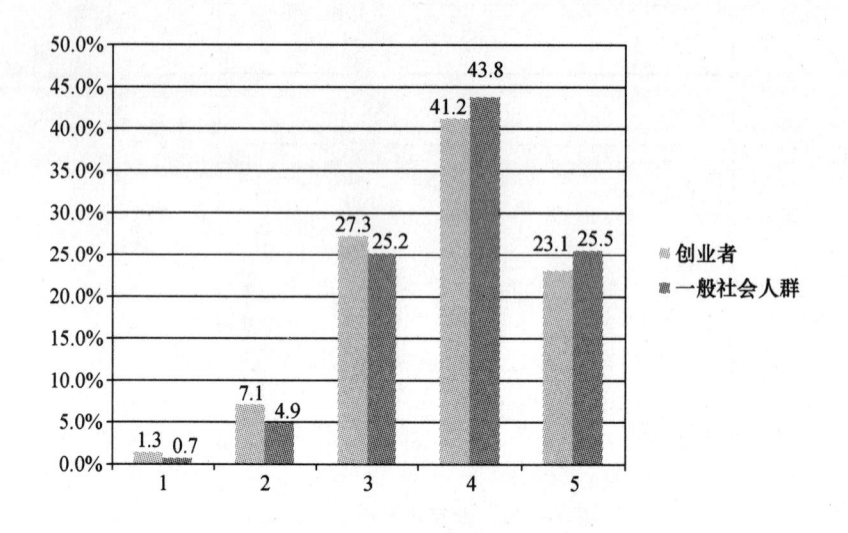

图3-124 河北省规范维度题项4

各题项得分结果加总平均得到了规范维度的得分为3.72。其中，北京市的规范维度得分为3.79，天津市的规范维度得分为3.70，河北省的规范维度得分为3.66。

管控维度、认知维度和规范维度的得分加总平均得到了制度情境的总体得分为3.48。其中，北京市的制度情境得分为3.56，天津市的制度情境得分为3.55，河北省的制度情境得分为3.32。

五 本章小结

本章主要关注创业生态指数的多重创业情境维度，它包含了家庭情境、社会情境、商业情境和制度情境。我们将家庭情境和社会情境的得分、商业情境的得分、制度情境的得分加总平均得到京津冀地区创业生态的多重创业情境指数为 2.73。其中，北京市的多重创业情境指数为 2.80，天津市的多重创业情境指数为 2.66，河北省的多重创业情境指数为 2.74。这说明京津冀地区的多重创业情境总体上处于中游略低水平。

第四章　京津冀区域空间环境指数评测

创业生态的区域空间环境指数是指区域宏观层面的资源禀赋。这是特定区域的总体特征，创业种群的活跃发展、家庭和社会对于创业者的支持、商业和制度方面的限制或支持都是依托于区域空间的。自2011年的创业生态调研开始，我们就将区域层面的宏观数据分析整合到创业生态指数中，试图完整勾勒区域创业活动的总体特征。在2013年的调研和分析中，我们同样将区域空间环境指数作为与创业种群活跃指数、多重创业情境指数并列的创业生态要素，考察京津冀地区在这一维度上的分布特征。

一　区域空间环境指标设计

同2011年北京市创业生态指数一样，我们主要使用从统计年鉴等公开资料所收集到的数据。我们的数据主要来自国家统计局提供的各地区2013年数据。同时，考虑到不同区域之间的固有差异（面积、人口、资源的差异），对于大多数指标，我们使用了该地区的人口数量作为分母，测算出这些地区基于已有人口基数所得到的指标密集度，这就能更准确地反映该地区的发展状况。

我们所考察的区域空间环境特征包括区域科技水平、区域教育水平、区域劳动力充裕度、区域经济发展水平、区域居民可支配收入5个方面。这些内容涵盖了区域层面可以为创业活动发展所提供的各类资源，也是创业者在选择特定区域创业时会考虑的选址因素。

二 区域空间环境评价

1. 区域科技水平

科技是地区的重要资源禀赋。从国内外创业活动的实践来看，科技进步是推进创业活动，特别是高科技创业活动的重要力量。而且，科技具有很强的外溢性。区域内技术活动的蓬勃发展，往往会带动整个区域在技术研发和创新方面的商业活动。我们对于区域科技水平的评价是使用地区的专利授权数量。这也是反映区域科技水平的常见测量指标。同上文说明一样，我们使用人口数量作为专利授权数量的分母，以获得可横向比较区域的相对科技水平。

地区专利授权数/地区人口的数据显示：北京市每万人专利授权数量在全国范围内处于较高水平，高于天津市和河北省的水平。河北省的水平较低，比全国水平低。如果将数值在0—5项以内的计为1分，5—10项的计为2分，10—15项的计为3分，15—20项的计为4分，20项以上的计为5分，那么京津冀地区的总体得分为2，北京市在该项的得分为5，天津市在该项的得分为4，河北省在该项的得分为1（如图4-1所示）。

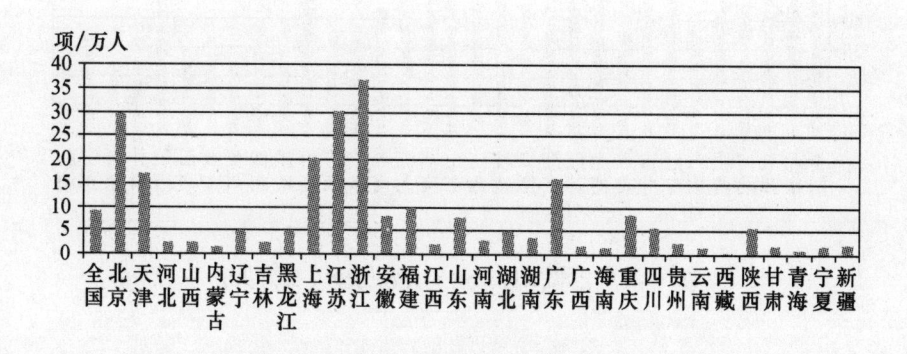

图4-1 地区专利授权数比较（每万人）

2. 区域教育水平

区域教育水平反映了区域内社会人群的总体教育层次。区域教育水平对于创业活动的影响是积极的。一方面，教育水平与区域的科技发展有一定相关性，因此，教育水平越高意味着区域可能具有较强的技术外溢效应；另一方面，教育水平也与区域人群的综合素质有相关性，区域教育水平越高，创业者越有可能在当地获得高层次的雇佣人群。我们使用区域高等学校毕业生人数作为区域教育水平的反映。同样，在指标上我们使用统计局提供的高等学校毕业生人数/地区人口的数据作为教育水平的测量。数据显示：天津市的每万人中高等学校毕业生人数居于全国之首，其次是北京市，河北省和全国的水平差不多。如果将数值在 0—15 人以内的计为 1 分，15—30 人以内的计为 2 分，30—45 人以内的计为 3 分，45—60 人以内的计为 4 分，60 人以上的计为 5 分，那么京津冀地区的总体得分为 4，北京市在该项的得分为 5，天津市在该项的得分为 5，河北省在该项的得分为 4（如图 4-2 所示）。

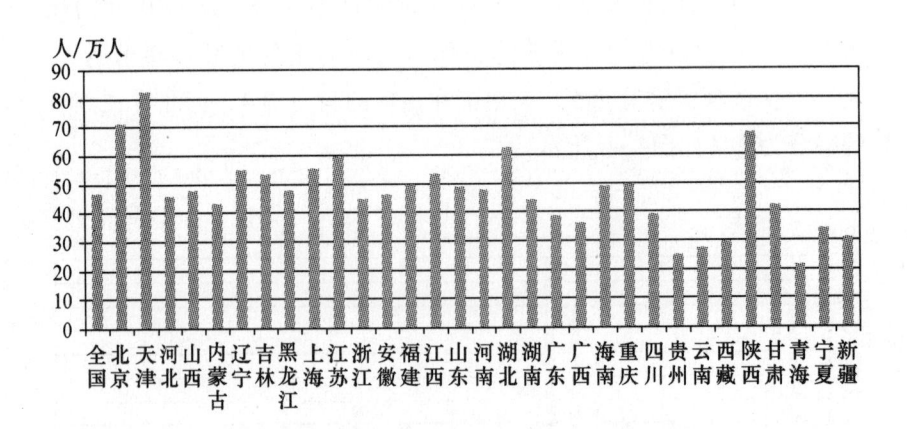

图 4-2 高等学校毕业生人数比较（每万人）

3. 区域劳动力充裕度

区域劳动力禀赋是区域创业活动的重要支持力量。劳动力充裕，既意味着创业者可以获得更多的雇佣力量，也意味着有可能从这些成年劳动者中诞生更多的潜在创业者。我们使用统计局提供的各地区城镇就业人员数量作为区域劳动力水平的指标。城镇就业人员/地区人口的横向比较显示：北京市的每万人中城镇就业人口数量在全国范围内居前列，仅次于上海、江苏和浙江。而天津市和河北省的每万人城镇就业人口数低于全国水平。如果将数值在 0—1000 人以内的计为 1 分，1000—2000 人以内的计为 2 分，2000—3000 人以内的计为 3 分，3000—4000 人以内的计为 4 分，4000 人以上的计为 5 分，那么京津冀地区的总体得分为 2，北京市在该项的得分为 4，天津市在该项的得分为 2，河北省在该项的得分为 1（如图 4-3 所示）。

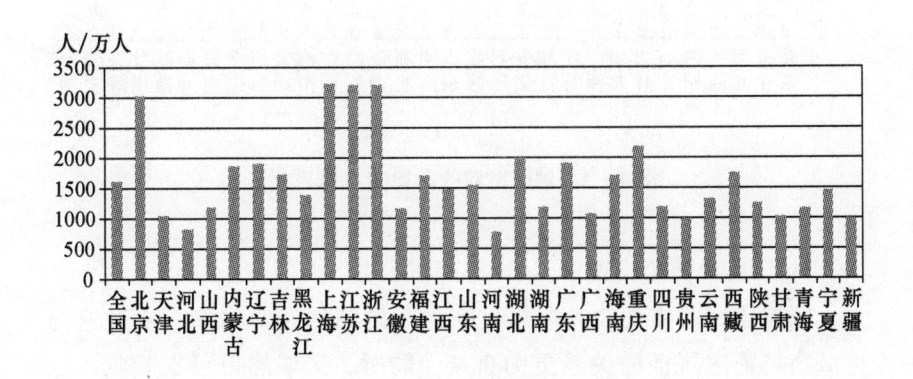

图 4-3　城镇就业人员数量比较（每万人）

4. 区域经济发展水平

区域经济水平是创业者在选择创业区域时需要考虑的经济要素。区域经济水平高，意味着创业者能够获得较稳定的消费人群，从而为市场需求的开发提供基础。区域经济水平同时也意味着区域的基础设施状况。在经济较发达地区，往往也有较先进的基础设施，这些都是创业者的选址因素。我们使用地区财政收入作为区域经济水平的衡量指标。地区财政收入/地区人口的横向比较显示：北京市每万人创造的地区财政收入处于全国的首位，其次是上海市和天津市。河北省的水平较低，低于全国水平。如果将数值在 0—0.2 亿元以内的计为1分，0.2—0.4亿元以内的计为2分，0.4—0.6亿元以内的计为3分，0.6—0.8亿元以内的计为4分，0.8亿元以上的计为5分，那么京津冀地区的总体得分为3，北京市在该项的得分为5，天津市在该项的得分为5，河北省在该项的得分为2（如图4-4所示）。

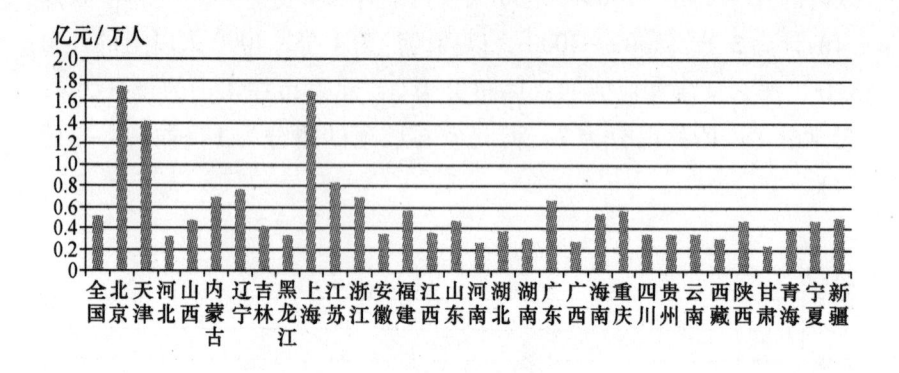

图4-4 地区财政收入比较（每万人）

5. 区域居民可支配收入

区域居民可支配收入同样反映的是区域的经济水平，不过它与区域市场需求规模的关系更为直接。同时，区域居民可支配收入也间接反映了潜在创业者可以用于创业的资金充裕程度。居民可支配收入越高，潜在的创业者越有可能募集到更多的资金来实施创业行动。我们使用城镇居民工资水平作为区域居民可支配收入的测量指标。城镇居民工资水平的横向比较显示：北京市的人员工资平均水平位居全国之首，其次是天津市，都高于全国水平。河北省的人员工资平均水平低于全国水平。如果将0—10000元以内的计为1分，10000—20000元以内的计为2分，20000—30000元以内的计为3分，30000—40000元以内的计为4分，40000元以上的计为5，那么京津冀地区的总体得分为4，北京市在该项的得分为5，天津市在该项的得分为5，河北省在该项的得分为3（如图4-5所示）。

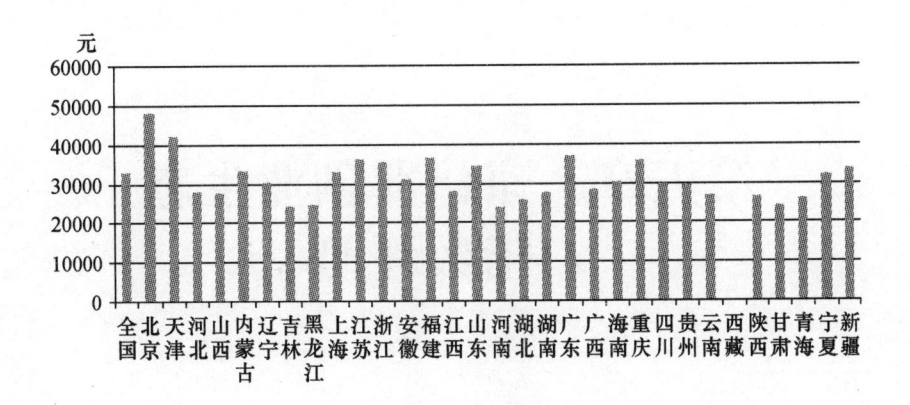

图 4-5 城镇居民工资水平

三 本章小结

本章主要关注区域空间环境指数。这是区域创业生态系统的最外围特征。在创业者选择空间区域时，这些因素构成了区域环境的主要方面。从区域科技水平、区域教育水平、区域劳动力充裕度、区域经济发展水平、区域居民可支配收入5个方面的数据分布来看，京津冀地区在不同方面存在着发展差异。以上5个方面得分加总平均得到了京津冀地区空间层面的总体得分为3.73。其中，北京市空间层面的得分为4.8，天津市空间层面的得分为4.2，河北省空间层面的得分为2.2。这说明京津冀地区的区域空间环境总体上处于中游水平。

第五章 京津冀创业生态指数评测

本章是对前面所涉及不同内容的整合。根据前面多层次多维度的创业生态指数评测结果，我们进一步将创业种群活跃指数、多重创业情境指数以及区域空间环境指数加总平均就得到了京津冀地区创业生态指数的最终评测结果。

一 京津冀创业生态指数评价结果

区域创业生态指数各个层面的评价结果汇总如表5-1所示。

表5-1　　　　京津冀创业生态指数评价结果

概念	一级维度	二级维度		2011年	2013年			
					总体	北京	天津	河北
创业生态指数	创业种群活跃指数	新创企业成长性		2.86	2.67	2.66	2.58	2.76
		社会人群创业倾向		3.59	3.64	3.97	3.45	3.50
		一级维度得分		3.23	3.15	3.32	3.02	3.13
	多重创业情境指数	家庭和社会情境	家庭情境	2.12	2.11	2.13	1.53	2.67
			社会情境	1.62	0.82	0.81	1.03	0.62
			得分	1.87	1.47	1.47	1.28	1.65
		商业情境		3.40	3.26	3.38	3.14	3.25
		制度情境		3.55	3.48	3.56	3.55	3.32
		一级维度得分		3.04	2.73	2.80	2.66	2.74
	区域空间环境指数	一级维度得分		5.00	3.73	4.80	4.20	2.20
	概念得分			3.76	3.21	3.64	3.29	2.69

从创业活动活跃程度和创业情境的得分情况来看，调查结果显示，就这些指标的绝对数值而言，在创业活跃方面，新创企业成长性低于社会人群创业倾向：对于后者来说，普遍接近或超过3.5；而前者则都没有达到3。考虑到在我们的数值分布区间[1，5]中，3仅仅是中位数。这说明就北京市和京津冀地区的抽样样本来看，普通人群选择创业的意愿较高，但是实际企业的成长情况并不算太好。在支持创业活动的各项创业情境中，可以看到创业者和普通人群的家庭和社会情境对于创业活动的支持程度较低（都低于3），其中社会情境的得分尤其低。因为家庭和社会情境对于创业活动的影响是最近和最直接的，这说明创业者及普通社会人群最容易接触到的外部环境其实并不是很有利于创业活动的产生和发展。

从纵向的比较结果来看，调研结果显示，就北京市的抽样样本而言，2011年和2013年的情况基本持平。在区域创业活动程度方面，虽然新创企业成长性有所下降，不过社会人群创业倾向则有所上升，这可能与这几年国家越来越重视大众创业的宣传和鼓励有关。当然这些变化都很微弱，并没有出现0.5个单位以上的变化。不过在影响创业活动的创业情境方面，家庭和社会情境、商业情境、区域空间环境都略有下降，其中，社会情境的下降明显。这说明影响创业活动发展的外部网络关系实际上是趋弱的。

从京津冀的横向比较结果来看，调查结果显示，在创业活动活跃程度方面，在新创企业成长情况中，河北省的企业是最优秀的，而在社会人群的创业倾向中，北京市的个体是最高的。相对而言，天津市在这两项上都没有优势。在创业情境的各项维度中，北京市的优势在于商业情境、制度情境、区域空间环境，其中，尤以空间情境特别明显（2013年的数据为4.8）。天津市的优势在于制度情境、区域空间环境，这两个维度上的得分仅次于北京市。河北省的优势则主要体现在家庭和社会情境上。

二 京津冀创业生态指数总结和建议

本书应用创业活动活跃程度和创业情境的相关框架对京津冀地区的创业数据进行了分析。从我们所抽样调查的结果来看,京津冀地区的创业活动程度总体上尚佳,这主要体现在社会人群的创业倾向上,在已经创立的企业的成长性上则没有很明显的优势。在创业情境上,距离创业者最近的家庭和社会情境并没有很优秀的表现,而在距离创业者较远的情境方面得分反而较高,这些都说明京津冀地区的创业活动发展有很大的提升空间。

基于本书的研究结果,在未来的发展中,至少有如下几个方面的工作值得进一步深入推进。

其一,更加关注初创企业发展中遇到的现实难题,推进中小企业的发展。目前,社会媒体和政策的倡导方向可能更多的是在于激发社会人群的创业倾向。从数据结果来看,这还是相对较为成功的,不过创业活动的发展归根结底要看创立之后的企业发展状况,因此,不论是政策还是媒体,都应该更加关注实际企业的发展状况。

其二,创业活动的激励政策更加着力于与创业活动距离更近、相关关系更直接的家庭和社会情境上。应该看到在各界人士的倡导以及相关政策的激励下,在制度建设、商业环境营造方面,当前,我国很多区域已经有很大的改善。不过在与创业活动最相关的环节上,相关的正面激励因素还较为薄弱。当然,家庭方面的因素可能难以通过外力改进,不过社会情境则是通过相关政策可以积极改善的。未来的创业政策应该更加集中于这些方面,为创业者提供更多的正式或非正式组织和平台,弥补家庭和社会情境方面的不足。

其三,京津冀地区的协调发展仍有很大空间。从分析结果来看,由于地理区域的接近,京津冀地区在很多方面是相似的。但它们内部的差异也非常明显。这一点尤其体现在外部创业情境的各维度特征上。由于创业情境的改进是一项长期的工作,很难在短期内立竿见影,因此这方面的建设工作需要一定的时间和耐力。

附录一 创业者调查问卷

1. 您的年龄为_____性别：◎男 ◎女   婚否： ◎已婚 ◎未婚或离异

您的教育程度：◎高中以下 ◎高中或大专 ◎本科学历 ◎硕士 ◎博士

您目前已经工作过_____年，您在你所创业的领域拥有_____年工作经验，您之前从事过企业内的管理工作_____年。

您创业的时间是_____年，您的创业领域为（请在对应的◎上画"√"）：◎农、林、牧、渔业 ◎采掘业 ◎制造业 ◎电力、煤气及水的生产和供应业 ◎建筑业 ◎交通运输、仓储业 ◎邮电通信业 ◎批发和零售贸易 ◎金融、保险业 ◎房地产业 ◎社会服务业 ◎信息与文化产业 ◎综合类

2. 您的企业过去三年的发展情况调查，请填写数字并进行评价（请在对应的◎上画"√"）

	非常慢	比较慢	不好说	比较快	非常快
➢销售额增长率大概平均为_____%，你觉得这一速度	◎	◎	◎	◎	◎
➢净利润增长率大概平均为_____%，你觉得这一速度	◎	◎	◎	◎	◎
➢固定资产增长率大概平均为_____%，你觉得这一速度	◎	◎	◎	◎	◎
➢总资产增长率大概平均为_____%，你觉得这一速度	◎	◎	◎	◎	◎
➢雇员数量增长率大概平均为_____%，你觉得这一速度	◎	◎	◎	◎	◎

3. 在您的家庭（家族）成员中，多少个家庭（家族）成员为您的企业投资？_____。

多少个家庭（家族）成员在您的企业内全职工作？_____。

多少个家庭（家族）成员在您的企业内兼职？_____。

4. 你是否属于（可多选）：◎工商联合会　◎行业协会　◎私营企业主协会　◎个体劳动者协会　◎MBA或EMBA等培训项目校友会　◎非正式的联谊组织（社区、网络、沙龙等）　◎宗教、信仰团体　◎妇联　◎其他正式注册的社会团体（学会、专业协会、联合会、联谊会等）

如果您属于某一组织，您是否同意如下说法（如果您不属于任何组织，可不用填）。

	非常不赞同	有点不赞同	不好说	有点赞同	非常赞同
➤这些组织能有力地帮助您实施创业活动	◎	◎	◎	◎	◎
➤这些组织为您提供了探讨新商业创意的平台	◎	◎	◎	◎	◎

您通过这些组织获得的资源包括（可多选）：◎信息　◎供应商　◎雇员　◎销售渠道　◎客户

5. 您觉得目前在您创业的区域，新创企业能否达到下列目标：

	非常困难	比较困难	不好说	比较容易	非常容易
➤获得启动资金	◎	◎	◎	◎	◎
➤获得运营资金	◎	◎	◎	◎	◎
➤获得银行贷款	◎	◎	◎	◎	◎
➤获得风险投资帮助	◎	◎	◎	◎	◎
➤获得客户	◎	◎	◎	◎	◎
➤有效应对其他企业的竞争	◎	◎	◎	◎	◎

续表

	非常困难	比较困难	不好说	比较容易	非常容易
➢遵循本地政策法规的要求	○	○	○	○	○
➢紧跟技术发展前沿	○	○	○	○	○
➢获得原材料	○	○	○	○	○
➢获得雇员	○	○	○	○	○
➢获得销售商	○	○	○	○	○

6. 请对您所生活或工作的区域进行评价：

	非常不赞同	有点不赞同	不好说	有点赞同	非常赞同
➢政府机构帮助个人创办他们的企业	○	○	○	○	○
➢政府为新创立的小企业提供政府项目	○	○	○	○	○
➢政府针对准备创业的人提供专项扶持	○	○	○	○	○
➢政府赞助那些帮助新创企业发展的组织或机构	○	○	○	○	○
➢即使在创业初期遭遇失败，政府将支持创业者重新开始	○	○	○	○	○
➢人们清楚从法律上如何保护一个新企业	○	○	○	○	○
➢那些创办新企业的人知道如何应对风险	○	○	○	○	○
➢那些创办新企业的人知道如何管理风险	○	○	○	○	○
➢大部分人知道如何寻找关于产品和市场的信息	○	○	○	○	○
➢在本区域，创业行动值得羡慕	○	○	○	○	○
➢在本区域，创新性和创造性的思维被看成通向成功的途径	○	○	○	○	○
➢在本区域，创业者被广为赞赏	○	○	○	○	○
➢本区域的人更加欣赏那些创办自己企业的人	○	○	○	○	○

附录二　个体创业意向调查

1. 您的年龄_____性别：◎男　◎女　婚否：◎已婚　◎未婚或离异

您的教育程度：◎高中以下　◎高中或大专　◎本科学历　◎硕士　◎博士

您目前已经工作过_____年，您之前从事过企业内的管理工作_____年。

你目前的职业为_____，您现在工作的机构属于：

◎农村家庭经营　◎党政机关/人民团体/军队　◎国有/集体事业单位　◎国有企业/国有控股企业　◎集体企业　◎私营企业　◎个体工商户　◎民办非企业组织　◎协会/行会/基金会等社会组织　◎社区居委会/村委会等自治组织　◎其他（请注明）_____　◎没有单位　◎无法判断

您的年收入大概为：◎0—5万元　◎5万—10万元　◎10万—15万元　◎15万元以上

2. 请对以下论述进行判断：

	非常不赞同	有点不赞同	不好说	有点赞同	非常赞同
➢我已经做好准备成为一个创业者	◎	◎	◎	◎	◎
➢我的职业目标是成为一个创业者	◎	◎	◎	◎	◎
➢我将要做出所有努力来开创和运营我自己的企业	◎	◎	◎	◎	◎

续表

	非常 不赞同	有点 不赞同	不好说	有点 赞同	非常 赞同
➢我已经决定未来创建一个企业	◎	◎	◎	◎	◎
➢我已经认真地考虑过创业的事情	◎	◎	◎	◎	◎
➢我拥有坚定的目标准备某天创业	◎	◎	◎	◎	◎

3. 如果未来你准备创业的话，多少个家庭（家族）成员会为你的创业项目投资？_____。

如果未来你准备创业的话，多少个家庭（家族）成员将会为你全职工作？_____。

如果未来你准备创业的话，多少个家庭（家族）成员将在您的企业内兼职？_____。

4. 你是否属于（可多选）：◎工商联合会　◎行业协会　◎私营企业主协会　◎个体劳动者协会　◎MBA或EMBA等培训项目校友会　◎非正式的联谊组织（社区、网络、沙龙等）◎宗教、信仰团体　◎妇联　◎其他正式注册的社会团体（学会、专业协会、联合会、联谊会等）

如果您属于某些组织，您是否同意如下说法（如果您不属于任何组织，可不用填）。

	非常 不赞同	有点 不赞同	不好说	有点 赞同	非常 赞同
➢这些组织能帮助成员实施创业行动	◎	◎	◎	◎	◎
➢这些组织为准备创业的成员提供探讨新商业创意的平台	◎	◎	◎	◎	◎

您觉得这些组织能够提供的资源包括（可多选）（如果您不属于任何组织，可不用填）：

◎信息　◎供应商　◎雇员　◎销售渠道　◎客户

5. 您觉得目前在您生活或工作的区域，新创企业能否达到下列目标：

	非常困难	比较困难	不好说	比较容易	非常容易
➤获得启动资金	◎	◎	◎	◎	◎
➤获得运营资金	◎	◎	◎	◎	◎
➤获得银行贷款	◎	◎	◎	◎	◎
➤获得风险投资帮助	◎	◎	◎	◎	◎
➤获得客户	◎	◎	◎	◎	◎
➤有效应对其他企业的竞争	◎	◎	◎	◎	◎
➤遵循本地政策法规的要求	◎	◎	◎	◎	◎
➤紧跟技术发展前沿	◎	◎	◎	◎	◎
➤获得原材料	◎	◎	◎	◎	◎
➤获得雇员	◎	◎	◎	◎	◎
➤获得销售商	◎	◎	◎	◎	◎

6. 请对您所生活或工作的区域进行评价：

	非常不赞同	有点不赞同	不好说	有点赞同	非常赞同
➤政府机构帮助个人创办他们的企业	◎	◎	◎	◎	◎
➤政府为新创立的小企业提供政府项目	◎	◎	◎	◎	◎
➤政府针对准备创业的人提供专项扶持	◎	◎	◎	◎	◎
➤政府赞助那些帮助新创企业发展的组织或机构	◎	◎	◎	◎	◎
➤即使在创业初期遭遇失败，政府将支持创业者重新开始	◎	◎	◎	◎	◎
➤人们清楚从法律上如何保护一个新企业	◎	◎	◎	◎	◎
➤那些创办新企业的人知道如何应对风险	◎	◎	◎	◎	◎
➤那些创办新企业的人知道如何管理风险	◎	◎	◎	◎	◎

续表

	非常不赞同	有点不赞同	不好说	有点赞同	非常赞同
➢大部分人知道如何寻找关于产品和市场的信息	◎	◎	◎	◎	◎
➢在本区域,创业行动值得羡慕	◎	◎	◎	◎	◎
➢在本区域,创新性和创造性的思维被看成通向成功的途径	◎	◎	◎	◎	◎
➢在本区域,创业者被广为赞赏	◎	◎	◎	◎	◎
➢本区域的人更加欣赏那些创办自己企业的人	◎	◎	◎	◎	◎